Criando Filhos Vitoriosos

Quando e Como Promover a Resiliência

PSICOLOGIA, PSIQUIATRIA E PSICANÁLISE

Outros livros de interesse

Alida – A Ressurreição do *Self*
Alvares e Taub – Usando a Cabeça: Memória
Andrade – Curso de Parapsicologia 2ª ed.
Andrade – Manual de Hipnose Médica e Odontológica – Texto Básico 5ª ed.
Assumpção – Tratado de Psiquiatria da Infância e da Adolescência
Astrup – Psiquiatria Pavloviana – A Reflexologia na Prática Médica
Balint – O Médico, seu Paciente e a Doença – A Afetividade como um Novo Ponto de Contato na Relação Médico-Paciente 2ª ed.
Bicalho Lana – O Livro de Estímulo à Amamentação – uma Visão Biológica, Fisiológica e Psicológico-Comportamental da Amamentação
Bonaccorsi – Disfunção Sexual Masculina – Tudo o que Você Precisa Saber
Bonomi – Pré-Natal Humanizado – Gerando Crianças Felizes
Canela e Maldonado – Recursos de Relacionamento
Caramelli – Manual de Neuropsiquiatria Geriátrica
Carneiro – A Obesidade sob a Visão de um Psiquiatra
Cerqueira Luiz – Psiquiatria Social – Problemas Brasileiros de Saúde Mental
Coelho – Avaliação Neurológica Infantil nas Ações Primárias de Saúde (2 vols.)
Collucci – Por que a Gravidez não Vem – Dúvidas Reais de Casais que Enfrentam o Drama da Infertilidade
Cordás – Saúde Mental da Mulher
De Ávila – Socorro, Doutor! Atrás da Barriga Tem Gente
Del Ciampo, Ricco e Nogueira – Aleitamento Materno – Passagens e Transferência Mãe-Filho
Diament e Cypel – Neurologia Infantil 3ª ed.
Dorgival (Soc. Bras. Psiq. Clínica) – Esquizofrenia – Atualização em Diagnóstico e Tratamento
Escolano – Diário de uma Gestante
Ey – Manual de Psiquiatria 5ª ed.
Fenichel – Teoria Psicanalítica das Neuroses
Figueiró e Bertuol – Depressão em Medicina Interna e em Outras Condições Médicas – Depressões Secundárias
Flehmig – Texto e Atlas do Desenvolvimento Normal e seus Desvios no Lactente –
Diagnóstico do Nascimento até o 18º Mês
Fontana – Manual de Clínica em Psiquiatria
Freud – Chaves/Resumo das Obras Completas (Organização Editorial: National Clearinghouse for Mental Health Information)
Gauderer – Autismo 3ª ed.
Gesell e Amatruda – Psicologia do Desenvolvimento – Do Lactente e da Criança Pequena – Bases Neuropsicológicas e Comportamentais
Graeff – Fundamentos de Psicofarmacologia
Graeff/Heten – Transtornos da Ansiedade
Grof – Jogo Cósmico – Exploração das Fronteiras da Consciência Humana
Grunspun – Crianças e Adolescentes com Transtornos Psicológicos e do Desenvolvimento
Grunspun – Distúrbios Neuróticos da Criança 5ª ed.
Grunspun – Distúrbios Psicossomáticos da Criança 2ª ed.
Grunspun – Distúrbios Psiquiátricos da Criança 3ª ed.
Grunspun – Educar para o Futuro
Hebb – Psicologia 3ª ed. (2 vols.)
Inaiá – Bases Psicoterápicas da Enfermagem
Inaiá – Enfermagem Psiquiátrica e de Saúde Mental na Prática
Ivan Lemos – Dor Crônica – Diagnóstico, Pesquisa e Tratamento
Jaspers – Psicopatologia Geral 2ª ed. (2 vols.)
Jung – Chaves/Resumo das Obras Completas (Organização Editorial: National Clearinghouse for Mental Health Information)
Leme Lopes – O Delírio – Perspectivas e Tratamento
Lent – Cem Bilhões de Neurônios – Conceitos Fundamentais da Neurociência
Levy – Semiologia Psiquiátrica
Lief – Sexualidade Humana – 750 Perguntas Respondidas por 500 Especialistas
Lira Brandão – Psicofisiologia – As Bases Fisiológicas do Comportamento 2ª ed.
Luz – O Médico, Essa Droga Desconhecida
Marinho – Como Amamentar o seu Bebê
Marinho – Desvendando os Mistérios da Amamentação
Marlus – Hipnose na Prática Clínica
Mattos – Pediatria e Adolescência Sociais
Matthes – Epilepsia 2ª ed.
Mello – Hipnose – Mecanismos Neuropsicofisiológicos e suas Manifestações Clínicas
Moraes Passos – Hipnose – Aspectos Atuais
Moura Ribeiro e Gonçalves – Neurologia no Desenvolvimento da Criança
Munjack – Sexologia – Orientação Diagnóstica e Princípios Gerais de Tratamento Comportamental
Nitrini – A Neurologia que Todo Médico Deve Saber 2ª ed.
Numberg – Princípios de Psicanálise – Suas Aplicações à Neurose (com Prefácio de Sigmund Freud)
Portella Nunes – Psiquiatria e Saúde Mental – Conceitos Clínicos e Terapêuticos Fundamentais
Perestrello – A Medicina da Pessoa 4ª ed.
Perestrello – Psicossomática, Psicologia Médica, Psicanálise
Protásio da Luz – Nem só de Ciência se Faz a Cura
Ratner Kirschbaum – História da Enfermagem Psiquiátrica
Reimão – Sono – Um Estudo Abrangente 2ª ed.
Rodrigues – Estimulação da Criança Especial em Casa – Um Guia de Orientação para os Pais de como Estimular a Atividade Neurológica e Motora
Sanvito e Manzillo – O Livro das Cefaléias
Scalco – Terapêuticas para a Depressão na Terceira Idade
Seibel – Dependência de Drogas
Shader – Manual de Terapêutica Psiquiátrica 3ª ed.
Silva Barbosa – Cantando Bem, Falando Mal
Spoerri – Introdução à Psiquiatria – Texto Especialmente Escrito para o Estudante das Ciências da Saúde
Takatori – O Brincar no Cotidiano da Criança com Deficiência Física
Taki Córdas – Saúde Mental da Mulher
Tedesco e Zugaib – Obstetrícia Psicossomática
Teixeira – Manual de Enfermagem Psiquiátrica
Uchoa – Psicanálise – Teoria e Prática
Vincent – Internet – Guia para Profissionais de Saúde

Criando Filhos Vitoriosos

Quando e Como Promover a Resiliência

Haim Grunspun

Professor de Psicopatologia da Infância, PUC-SP

Atheneu

São Paulo • Rio de Janeiro • Ribeirão Preto • Belo Horizonte

EDITORA ATHENEU

São Paulo —	*Rua Jesuíno Pascoal, 30* *Tels.: (11) 3331-9186 • 3223-0143 •* *3222-4199 (R. 25, 27, 28 e 30)* *Fax: (11) 3223-5513* *E-mail: edathe@terra.com.br*
Rio de Janeiro —	*Rua Bambina, 74* *Tel.: (21) 2539-1295* *Fax: (21) 2538-1284* *E-mail: atheneu@atheneu.com.br*
Ribeirão Preto —	*Rua Barão do Amazonas, 1.435* *Tel.: (16) 636-8950 • 636-5422* *Fax: (16) 636-3889* *E-mail: editoratheneu@netsite.com.br*
Belo Horizonte —	*Rua Domingos Vieira, 319,* *Conj. 1.104*

PLANEJAMENTO GRÁFICO: Equipe Atheneu
CAPA: Sense Design

Dados Internacionais de Catalogação na Publicação (CIP)
(Câmara Brasileira do Livro, SP, Brasil)

Grunspun, Haim
Criando filhos vitoriosos : quando e como promover a resiliência / Haim Grunspun. — São Paulo : Editora Atheneu, 2006.

1. Criança - Criação 2. Psicologia infantil 3. Resiliência (Traço da personalidade) I. Título.

05-5309 CDD-155.41828

Índices para catálogo sistemático:
1. Crianças : Resiliência e educação : Psicologia infantil 155.41828

GRUNSPUN, H.
Criando Filhos Vitoriosos – Quando e Como Promover a Resiliência

Dedicatória

Aprendi com meu professor de Pediatria que corríamos enormes riscos desde que nascíamos. Falava de vulnerabilidade.

Dizia que durante a vida passávamos por uma floresta, onde atrás de cada folha havia sempre alguém atirando em nós com metralhadora. O milagre, dizia ele, era que atravessávamos sem sermos atingidos ou com poucos ferimentos.

Ouvi também do professor que a doença mais contagiosa era a ansiedade. Naquele tempo, com poucas vacinas e muita vulnerabilidade, o sarampo não contagiava todas as crianças.

A rubéola também não contagiava sempre; festas eram feitas nas casas das meninas como "banco de rubéola" para as demais se contagiarem ainda quando crianças, e não correrem risco de ter rubéola na gravidez. Mas nem todas as meninas "pegavam" rubéola. Repetia que a única doença que "pega" sempre é a ansiedade na família. E é a única doença capaz de contagiar por telefone.

Não tínhamos antibióticos, não tínhamos tranqüilizantes, antipsicóticos nem antidepressivos. Não tínhamos vacinas; a única vacina obrigatória era a vacina contra a varíola.

Ele assistia às minhas sessões de ludoterapia com crianças e depois discutia comigo e me perguntava se não haveria a possibilidade de aumentar a imunidade psicológica.

Ele me contagiou com suas previsões.

Na última década, vislumbrei que ele procurava a resiliência.

Meus cursos na Universidade, o preparo de meus alunos para fomentar e promover a resiliência, com supervisão sobre seu exercício, e todos os resultados positivos obtidos em ONGs, em escolas de comunidades pobres e em comunidades religiosas, devemos todos ao meu professor de Pediatria.

O fato mais relevante nas supervisões foi que meus alunos fizeram depoimentos em que diziam que, trabalhando na promoção da resiliência, eles se tornaram mais resilientes.

Por isso, dedico este livro à memória de meu professor de Pediatria, o Professor Pedro de Alcântara, meu Patrono na Academia de Psicologia.

São Paulo, Inverno de 2005

Haim Grunspun

Sumário

Introdução

Resiliência é a capacidade humana de se recuperar e se superar, ou ser imune psicologicamente, quando se é submetido à violência de outros seres humanos ou a estresses por catástrofes da natureza.

O vocábulo resiliência tem sua origem no latim, no termo *resilio* que significa voltar atrás, voltar com um salto, repelir, dar rebote.

A maioria dos indivíduos submetidos à adversidade se torna vítima, adquirindo transtornos do desenvolvimento ou transtornos psicológicos na infância, transtornos de conduta na adolescência e juventude, e transtornos psiquiátricos na vida adulta. Alguns indivíduos resistem e não são derrotados. Superam a adversidade e são vitoriosos. Estes indivíduos são resilientes.

Ser resiliente é a conseqüência do conhecimento dos riscos e fatores de risco, de sua intensidade, de sua duração e dos fatores de proteção que o indivíduo encontra dentro de si, na família e no ambiente. É uma capacidade universal de proteção[10].

A criança é mais resiliente do que o adulto. De acordo com a analogia de evolução *meme* (menor bloco de cultura)/*gene* (menor bloco genético), a resiliência pode ser parcialmente *inata* ou *promovida*, constituindo um processo de desenvolvimento com força pessoal de proteção[12,32].

Temos como objetivo trazer o conhecimento sobre a prevenção dos fatores de risco, o desenvolvimento de fatores de proteção e a promoção dos fatores de resiliência em cada idade de crescimento da criança. Alguns fatores de resiliência são mais relevantes em determinada fase do crescimento e desenvolvimento do que em outras fases e as expectativas são diferentes em cada idade. Algumas pessoas são resilientes em uma determinada situação e não em outras.

Para a promoção dos fatores de resiliência, seguimos o modelo de Grotberg[57,59], que os organiza em: *Eu tenho, Eu posso, Eu sou/Eu estou.*

Exemplos dos suportes externos do "eu tenho" incluem: confiança nos membros da família e nos amigos; bons modelos e exemplos; e acesso a serviços sociais, de saúde e educação.

Para o "eu posso" interpessoal pode-se citar: habilidades para resolver problemas, gerar boas idéias, comunicar pensamentos e sentimentos, controlar comportamentos e pedir por ajuda quando necessitado.

Já o "eu sou/eu estou" como força interna incluem os exemplos: auto-estima, auto-respeito, amor-próprio, perseverança, empatia, responsabilidade e esperança.

O fomentador, por sua vez, praticamente fundamentado em senso comum cultural, absorvendo os conhecimentos filosóficos, psicológicos e éticos, estabelece um ambiente resiliente, seja na família, na escola, seja na comunidade ou no espaço ecológico, ajudando a desenvolver a resiliência na criança.

Podemos ter, assim, a família resiliente, a escola resiliente, a comunidade resiliente, o espaço geográfico resiliente e a ecologia resiliente.

A resiliência não é uma receita de felicidade na vida. É mais uma vacina para adquirir imunidade na adversidade: contra as injustiças, a violência, os traumas, a miséria, as perseguições, as guerras e as catástrofes.

Ninguém exibe constantemente a resiliência. Um indivíduo só mostra que é resiliente quando enfrenta a adversidade em sua vida. Os indivíduos continuam com sua personalidade, com seus conflitos e problemas, mas são imunes quando confrontados com a adversidade, e se saem bem.

2

Descobrindo a Resiliência

Resiliência é a capacidade humana de lidar, superar, aprender ou mesmo ser transformado com a adversidade inevitável da vida. Em um terço das pessoas nas diferentes partes do mundo evidencia-se a resiliência, de forma consistente, frente à adversidade (*www.omh.state.ny.us*).

Todos nós temos esta capacidade, qualquer um pode tornar-se resiliente[59]. O desafio é encontrar o caminho para promover a resiliência em indivíduos, em famílias, em escolas e em comunidades.

HISTÓRICO

A Psiquiatria, assim como a Medicina em geral, sempre se ocupou com a doença, seus sintomas, sua etiologia e sua prevenção. A resiliência se ocupa com os casos que não adquirem transtornos psicopatológicos ou sociais apesar de serem previsíveis pelos riscos que enfrentam. Focaliza a importância de promover potenciais humanos em vez de destacar os danos causados.

Prevenir ou curar a doença. Promover a resiliência. A doença é vista como o inimigo do qual temos que nos prevenir ou a quem precisamos atacar e vencer. A resiliência é uma aliada que precisamos promover e desenvolver.

A resiliência é um termo emprestado da Física. Significa que uma barra submetida a forças de distensão até seu limite elástico máximo volta ao seu estado original quando estas forças deixam de atuar; é uma força de resistência e de recuperação.

Resiliente é o indivíduo que, submetido a traumas, estresses ou catástrofes, se recupera psicologicamente e não se torna vítima, por apresentar resiliência. Resiliente também é o indivíduo que submetido a fatores de risco conhecidos, possui imunidade e proteção psicológica e não apresenta transtornos psiquiátricos ou mentais previsíveis.

As crianças vítimas da violência são de alto risco devido a um grande número de fatores e por apresentar conseqüências psicopatológicas no decorrer de sua vida. Podem apresentar distúrbios do desenvolvimento durante a infância, transtornos de conduta na adolescência e juventude, e transtornos psiquiátricos na vida adulta. As crianças resilientes, submetidas aos mesmos fatores de risco, não respondem com os transtornos previsíveis; apresentam resistência e recuperação.

No dia 19 de setembro de 2003, nos EUA, todas as crianças do ensino fundamental e todos os professores do ensino primário receberam uma cartilha sobre resiliência e como desenvolvê-la na escola, cuja elaboração foi feita pela APA (Associação Americana de Psicologia) e a distribuição pela revista *TIME*, no caso TFK (*Time For Kids*).

A literatura concernente aos atuais conhecimentos sobre resiliência remonta ao início da última década do século XX. As publicações passam a ter como fundamento a investigação longitudinal feita a partir de 1955 com a população de Kauai no Hawaí, por Emmy Werner e Ruth Smith[150]. Estudaram 505 indivíduos, durante 32 anos, desde o período pré-natal até a vida adulta, numa comunidade onde viviam em condições de adversidade semelhante, e com fatores de risco semelhantes. Acompanharam o desenvolvimento dos que eram vítimas da adversidade e dos que, nas mesmas condições de adversidade, conseguiram adaptar-se, agiram positivamente e até se superaram frente às expectativas. Os dois estudos publicados por Werner e Smith[151] identificaram os fatores individuais dos que reagiram positivamente, os fatores ambientais e a presença dos adultos que acompanharam o desenvolvimento das crianças.

Os padrões para o entendimento atual do processo da resiliência se fundamentam no modelo ecológico de Bronfenbrenner[17]. O modelo insere a biologia do homem num ecossistema da natureza, constituindo a Ecologia do Desenvolvimento Humano, que envolve o estudo científico da adaptação mútua entre o ser humano, nas diferentes fases de crescimento, e o ambiente do sistema em que vive, nas transformações recíprocas que aparecem.

O ser humano, segundo Bronfenbrenner[17], em seu desenvolvimento, está inserido num sistema ecológico e mantém neste sistema diversos níveis de interação. Os níveis que demarcam esta interação são: o individual, o familiar e o comunitário, vinculados aos serviços sociais, valores sociais e cultura, considerados como: *microssistema*, *mesossistema* e *exossistema*.

Um *microssistema* é um padrão de comportamentos de um indivíduo em seus relacionamentos interpessoais num cenário com características físicas e materiais particularizados.

Um *mesosistema* compreende as inter-relações entre dois ou mais cenários nos quais a pessoa em desenvolvimento participa ativamente. Por exemplo, numa criança, as relações em casa, na escola, na vizinhança.

Um *exossistema* refere-se a um ou a vários cenários que não envolvem a pessoa em desenvolvimento enquanto participante ativo, mas no qual ocorrem eventos que afetam ou são afetados pelo que acontece no ambiente em que está a pessoa em desenvolvimento.

O microssistema, o mesossistema e o exossistema se inserem na cultura como *macrossistema* acompanhados por qualquer sistema de crenças, valores ou ideologias, constituindo o *ecossistema*.

O desenvolvimento humano é o processo através do qual a pessoa em crescimento adquire uma concepção mais expandida, mais diferenciada e mais válida do ambiente ecológico, tornando-se, assim, motivada e capaz de se envolver em atividades que revelam as propriedades, sustentam ou reestruturam esse ambiente a níveis de cada vez maior complexidade em termos de forma e conteúdo.

Uma transição ecológica ocorre sempre que o comportamento de uma pessoa inserida no ecossistema se altera como resultado de uma mudança no papel, mudança física ou material no cenário, ou ambos acontecem.

Sistemas biológicos, desde o nível individual até o nível do ecossistema, estão sujeitos a vários estresses que ameaçam sua estabilidade. A habilidade do sistema para resistir às ameaças, mantendo sua estrutura e sua funcionalidade, é conhecida como resiliência[109].

Em Ecologia, ela é uma das três medidas para avaliar a saúde de um ecossistema:

1. resiliência;
2. vigor (atividade, metabolismo ou produtividade primária);
3. organização (diversidade e número de interações entre os componentes do sistema).

Essa habilidade é semelhante ao sistema imunológico dos humanos individualmente. Análoga à reação do corpo humano diante da invasão de uma doença, o ecossistema enfrenta os ataques dos estresses e precisa recobrar-se de seus efeitos patológicos. Se for incapaz de se recuperar enquanto o estresse cresce, o ecossistema pode passar o limiar a partir do qual as condições de declínio se tornam irreversíveis.

Eventualmente, a estrutura e a função da comunidade da qual faz parte falham e o ecossistema entra em colapso. O assustador da resiliência é que, por sua natureza, ela mascara o prejuízo até muito próximo do limiar do colapso.

Com esse modelo, a avaliação da resiliência é uma descoberta *a posteriori*, isto é, só quando o indivíduo é resiliente é que podemos encontrar fatores que explicam sua resiliência. O progresso se deu com Rutter[112] que conceituou os fatores protetores, idéia precursora que permitiu considerar a resiliência como um processo dinâmico e possibilitou entender como a resiliência podia ser promovida no desenvolvimento do ser humano.

Entendendo a Sobrevivência

No final do século XX, a ênfase na Psiquiatria e na Psicologia se deu sobre os aspectos positivos do desenvolvimento: 1. com a criação da Psicologia Positiva, de Martin Seligman, em 1998, fundamentada na manutenção da saúde mental positiva de Jahoda[74], acompanhando os que se desenvolviam bem num ambiente medianamente propício e seguindo as "boas regras" da saúde mental; 2. com a resiliência, acompanhando os que superaram a adversidade e mantiveram o homem em suas atividades humanas, estabilizaram-se nos ecossistemas e até conservaram a espécie em toda sua diversidade.

Alguns estudos recentes, que procuram reconhecer a resiliência que existiu, realizam pesquisas com sobreviventes dos campos de concentração nazistas, em depoimentos atuais ou já estudados anteriormente em grande bibliografia existente. O estereótipo de que os internados apresentaram clinicamente as "neuroses de guerra" nas publicações das últimas décadas não tem sido confirmado em estudos atuais. Apesar de ter havido nos campos de concentração muita passividade e desesperança sob o terror imposto pelas tropas de Hitler com a SS e seus colaboradores judeus, havia também muita atividade e resistência[140]. Havia autodisciplina em muitos: como se alimentar com o que era oferecido, não adormecer nas longas horas em que ficavam de pé, não sentar quando estavam extenuados. Por outro lado, mantinham agressividade nas respostas internas, como retribuir xingamentos ou fantasia de humilhações reversivas ou ainda mantendo humor em situações torturantes. Quando um guarda chamava alguém de verme, a voz interior respondia "eu não sou, você é que é".

Anna Orenstein[101], uma psicanalista, ela mesma sobrevivente de Auschwitz, acautela terapeutas para que não considerem todos os sobreviventes como pessoas prejudicadas, cronicamente deprimidas e com o funcionamento do ego empobrecido. Esta não é a realidade da maioria dos sobreviventes do holocausto. Relatos feitos por três mulheres sobreviventes jovens, em suas próprias palavras, mostram como resistiram à adversidade continuada, com forças interiores que hoje são denominadas "fatores de resiliência"[100].

Como membro das profissões de cura, o terapeuta logo se põe a "ajudar". Começa confortando, interpretando, reassegurando e aconselhando. Precisamos considerar que a adversidade, em lugar de causar um inevitável prejuízo no crescimento, pode causar um resultado positivo no futuro do indivíduo. Na verdade, é difícil identificar características precoces nos sobreviventes que pudessem predizer a resiliência que mostraram durante e após o holocausto[141].

Nos campos de concentração, onde tudo era engrenado para fazer os prisioneiros perderem sua identidade, esperança, razão de viver e sentido para agir, os sobreviventes que Vanderpol entrevistou contaram que faziam pares com um ou às vezes com mais de um interno, olhando uns pelos outros. Eles se ajudavam física e emocionalmente, de forma quase simbiótica e que se tornava necessária naquelas circunstâncias extremas. Esses internos criavam uma ilha de sanidade com seus relacionamentos e confirmavam uns aos outros sua identidade humana[141].

A publicação sem precedentes sobre a sobrevivência em campos de concentração é a das crianças sobreviventes do holocausto que ficaram sob os cuidados de Anna Freud, na Grã-Bretanha[45]. É a descrição do comportamento de seis crianças pequenas, trazidas de Tereszin, campo de concentração da Checoslováquia, para a Inglaterra, onde ficaram por um ano antes de serem adotadas. As crianças eram menores de 4 anos, as únicas pequenas das 12 que se salvaram no campo de concentração com menos de 11 anos.

As seis crianças, John, Ruth, Leah, Paul, Miriam e Peter, passaram juntas durante dois anos no campo de concentração, sendo um milagre sua sobrevivência, sem as mães que foram sacrificadas nos fornos crematórios. Não há relatos sobre quem as cuidava, porque as prisioneiras eram sucessivamente mandadas para o extermínio em Auschwitz.

Quando chegaram juntas na creche *Bulldog Bank*, o comportamento delas era negativo e agressivo frente aos adultos e às outras crianças. Elas se mantinham apegadas entre elas como um grupo. Eram inseparáveis em sua atividade em grupo e vida em comum. Suas reações a qualquer tentativa de separá-las eram intensas. Entre elas, as crianças eram cooperativas umas com as outras. Partilhavam igualmente e mantinham uma igualdade de *status*. Nenhuma das crianças assumia a liderança, mas cada membro exercia influência sobre os outros. Quando uma delas, por alguma razão, parava de comer, as outras afastavam seu prato e também não comiam. Respondiam como grupo e assim queriam ficar.

A dependência emocional era mútua e não demonstravam ciúme, rivalidade ou competição. Eram protetoras umas das outras, cuidavam uma às outras, repartiam de forma justa e cooperativa. Esses sentimentos positivos eram somente de uns para outros do grupo. Quando alguma delas era tratada de forma injusta por alguém de fora, ou desafiada por alguém de fora, o grupo reagia com hostilidade com os adultos e agressividade com as outras crianças. Formaram um grupo auto-suportivo e assim passaram a ser consideradas pelos profissionais adultos e pelas outras crianças.

Anna Freud e sua equipe chegaram à notável conclusão, antes de as crianças serem adotadas, que elas não eram nem deficientes mentais, nem delinqüentes e nem psicóticas. A exibição do filme de Spitz[121], sobre bebês criados em instituições que mostravam sintomas da "depressão anaclítica", com morte freqüente apesar de receberam adequados cuidados físicos, trouxe à luz, de forma clara, os efeitos devastadores do insuficiente contato humano durante o desenvolvimento infantil, tornando as crianças extremamente vulneráveis pela privação de apego a que estavam sujeitas. A publicação de Anna Freud[45] não confirmava a gravidade das carências nas crianças salvas do holocausto.

Nas conclusões sobre o bem-estar mental dessas crianças, a revisão comentada realça como causa a *convivência em grupo*[120] em *Bulldog Banks*.

As entrevistas e observações realizadas 30 e 40 anos depois de sua adoção mostraram que elas se desenvolveram satisfatoriamente na vida, apesar de suas experiências horrendas na primeira infância[95].

A memória destes sobreviventes mostrou a importância de seu convívio em grupo para a conservação de sua identidade e integridade do *self*[115]. As memórias anteriores no campo de concentração estavam inacessíveis, provavelmente porque eram muito pequenos quando por lá passaram, mas sua experiência na Grã-Bretanha estava vívida, quando entrevistados e espalhados no mundo como adultos. A convivência em grupo, na idade da fase de desenvolvimento social, foi o fator de proteção que manteve o processo de resiliência nesses indivíduos.

Com todos os traumas e o estresse pelos quais passaram durante os primeiros anos de vida, exibiram em sua convivência em grupo um esforço constante para sua recuperação emocional[120] e conseguiram encontrar sua integridade pessoal. Assim também se conservaram após a adoção por famílias em diferentes países, um deles até com duas adoções sucessivas. Aproveitaram seus fatores protetores através do grupo e desenvolveram fatores de resiliência que os preveniram de um colapso emocional e de se tornarem vítimas da adversidade.

Na busca da sobrevivência, os seres humanos são capazes de se tornar indivíduos resilientes[102]. É quando conseguem construir um espaço intrapsíquico seguro, dentro do qual vivem, conversam consigo mesmo e se sentem invulneráveis[141]. Essa parte inviolável do *self* os protege do colapso enquanto o mundo externo permanece imprevisível e ameaçador. Para manter esse espaço interno seguro o indivíduo precisa ter fatores protetores que precedam os mecanismos de defesa.

Em seu trabalho Vanderpol[141] cita o exemplo das recordações de uma sobrevivente que assistiu ao fuzilamento de seu pai e irmãos pelos nazistas quando tinha 6 anos e o grito de alguém fez ela fugir e encontrar sua mãe. Sua mãe conseguiu levá-la para uma fazenda como refugiada cristã, mas imprimiu duas regras invioláveis: uma que sempre fosse sorridente, e a outra que nunca contasse a ninguém que era judia. Viveu assim por dois anos sem praticamente ver sua mãe e lembra que as duas regras foram seu espaço interno inviolável.

As mesmas observações foram colhidas pelo jornalista Milton Niewsma[100], que publicou em 1998 seu livro sobre entrevistas orais que realizou com crianças e adolescentes sobreviventes do holocausto, cujo espaço interno inviolável lhes permitiu durante os anos de infância resistir à adversidade que a cada momento se apresentava.

O Impacto de Desastres e Traumas sobre as Crianças

As crianças têm as mesmas respostas dos adultos aos desastres e aos traumas, mas de forma mais transitória e atenuada[67].

A partir da década de 1980, com a publicação do DSM-III-R começou a ser cientificamente diagnosticado o Transtorno de Estresse Pós-traumático em veteranos de guerra do Vietnã. Os pacientes apresentavam ansiedade, medos, reexperiência de eventos, com irritação e explosividade. O transtorno sempre foi diagnosticado semanas, meses ou anos após a experiência de traumas e desastres. Heróis de guerra que voltaram, após alguns meses ou até anos, passaram a sofrer de sintomas psicopatológicos graves.

A mesma síndrome foi depois descrita em crianças que passaram por desastres e traumas, e que eram geralmente consideradas vulneráveis. Muitas outras crianças tinham poucos sintomas psicopatológicos, ou eles eram transitórios, mesmo quando passavam por traumas severos. Com o conhecimento sobre resiliência nas crianças, as observações sobre as crianças resilientes após trauma passaram a ser conhecidas, mostrando uma invulnerabilidade[86].

Os conceitos de suscetibilidade para riscos ou vulnerabilidade foram emprestados da epidemiologia e são largamente entendidos. Na década de 1970, Murphy e Moriarty[97] desenvolveram um inventário sobre vulnerabilidade considerando-a como primária ou constitucional e secundária ou adquirida.

A vulnerabilidade constitucional inclui déficit sensório-motor, sensibilidade exagerada, passividade inata, falta de motivação, insuficiente controle dos impulsos e uma incapacidade de "ler" as mensagens dos cuidadores. As dificuldades sensório-motoras descritas se enquadram no que hoje categorizamos como Transtorno de Déficit de Atenção com/sem Hiperatividade (TDA/H). A vulnerabilidade secundária é a adquirida durante o desenvolvimento.

Na mesma década foram sistematizados os sintomas do TSPT (Transtorno de Estresse Pós-traumático) encontrados entre os veteranos de guerra do Vietnã.

Doenças Crônicas com Cuidados Inusitados

Até a descoberta da Vacina Sabin as vítimas da Paralisia Infantil foram acompanhadas e, apesar da doença, muitas das crianças superaram os problemas e se tornaram grandes personalidades sociais, políticas, científicas e artísticas, resistindo à adversidade.

O acompanhamento de crianças diabéticas em seu desenvolvimento evidencia prognósticos diferentes em crianças resilientes e não resilientes. Crianças cegas mostram muitas vezes o perfil de resiliência.

O acompanhamento de crianças com câncer, curadas e recuperadas, mostra perfil resiliente nas crianças que se recuperaram comparado com as que sucumbiram.

Casamentos e Divórcios

Com o aumento do número de divórcios, vários estudos têm sido acompanhados com os filhos de pais que se separam e várias publicações vêm alertando para os resultados favoráveis sobre o desenvolvimento dessas crianças, contrariando os vaticínios catastróficos antes previstos.

Esses estudos levantam hipóteses sobre o impacto social desses resultados, mostrando que a não discriminação, pela sociedade, de divorciados e até sua aceitação importam no bom resultado do desenvolvimento da maioria desses filhos[60]. Os transtornos não estão sendo diferentes entre os filhos de casamentos íntegros e os que têm separações. Os dois trabalhos sobre acompanhamento de filhos a separação por longos anos após a separação dos pais apresentam polêmicas, especialmente na mídia.

A publicação, em 2000, da obra de Wallerstein[146], psicanalista que entrevistou os filhos do divórcio até 25 anos após a separação, considera o divórcio como trauma que repercute na vida adulta dos que ela chama de "legado do divórcio".

A outra publicação, em 2002 de Hetherington[71], epidemiologista, analisou os dados dos filhos do divórcio até 25 anos após a separação e não encontrou problemas ou transtornos mais numerosos do que em grupos de controle, frisando o "divórcio reconsiderado" como ameaça para os filhos, como era considerado até então, apontando a resiliência como responsável pelos resultados surpreendentes.

Wallerstein, nas entrevistas pessoais que realizou, fala do sofrimento psicológico; enquanto Hetherington chega às conclusões frias da observação dos dados de estatísticos sobre diagnósticos de transtornos. Os dois livros avaliam a importância da resiliência, mas na mídia as duas autoras confrontadas radicalizam suas observações publicadas. Hetherington[71] relaciona os fatores de risco e os fatores de proteção nos casamentos e nos divórcios (Tabela 2.1), que são capazes de promover maior resiliência, dando o título a seu livro: "Para o Melhor ou Para o Pior."

Tabela 2.1
Fatores de Proteção e Fatores de Risco no Casamento e no Divórcio

As Pesquisas de Hetherington e Kelly[71] apontam:

Fatores de Risco

- Personalidade anti-social
- Impulsividade
- Neuroticismo
- Apegos a afetos imaturos, como mãe ou amores – anteriores
- Promiscuidade
- *Status* socioeconômico
- Coabitação para os casados
- Pode ser fator de proteção para o divórcio.

Fatores de Proteção

- Maturidade social
- Planejar o futuro
- Auto-regulação
- Adaptabilidade
- Responsabilidade
- Autonomia
- *Locus* interno de controle
- Trabalho
- Suporte social
- Religiosidade

Para os divórcios

- Novos relacionamentos partilhados
- Para os casamentos isto pode ser fator de risco

Na Literatura de Ficção

As clássicas Histórias da Carochinha mostram como apesar da adversidade muitos dos heróis e heroínas se tornaram "felizes para sempre".

Um dos mais antigos novelistas ingleses, Daniel Defoe narra "Os Fortúnios e Infortúnios da Famosa Moll Flanders, que nasceu em Newgate, e durante uma vida em continuada variedade de idade, após sua infância, foi por 12 anos uma prostituta, por cinco vezes uma esposa (sendo uma vez de seu próprio irmão), por 12 anos uma ladra, por oito anos uma criminosa degredada em Virgínia, e finalmente tornou-se rica, viveu honestamente e morreu como mulher piedosa".

Como na novela anterior que publicou, onde o famoso herói, Robinson Crusoe, se superou, assim também Moll Flanders triunfou sobre a adversidade. São histórias de como um indivíduo pode superar circunstâncias terríveis e catástrofes bruscas.

3 Antecipando a Resiliência

Devemos a Freud a descoberta da resiliência antes de ser assim denominada. Em 1922, sua proposição "a proteção contra os estímulos é quase uma função mais importante do organismo vivo do que a recepção dos estímulos" já é o conceito central da resiliência. Na mesma publicação, descreve o "escudo protetor", depois elaborado por Bergman e Escalona[10] que até hoje tem inestimável valor na concepção sobre promoção da resiliência.

O outro conceito de Freud foi sobre "competência do Ego". Em sua concepção, a competência do Ego é a capacidade de o indivíduo satisfazer suas necessidades essenciais de forma adequada. Além disso, também organiza e controla no indivíduo seus impulsos, por sua própria atividade.

A competência do Ego foi posteriormente elaborada por Erikson[41] quando descreveu a fase "*indústria* versus *inferioridade*" durante o desenvolvimento. Essa concepção também fundamenta a promoção da resiliência especialmente na fase escolar do desenvolvimento.

Outra concepção precursora é a de auto-estima do *self*, desenvolvida por Kohut[80], e aplicada na atualidade para a promoção da resiliência[51].

ESCUDO PROTETOR CONTRA A EXCITAÇÃO DO ORGANISMO - BERGMAN E ESCALONA

O escudo protetor existe em todos os seres vivos, mas é mais discernível nos organismos simples[10]. A vesícula do protoplasma é uma membrana que mantém os estímulos fora da célula, protegendo-a. O escudo protetor existe nos organismos superiores em conexão com os órgãos do sentido[7,9].

No ser humano a mente perceptiva tem funções externa e interna (Fig. 3.1) com a proteção do escudo protetor que pode aperfeiçoar a função do Ego. Quando o escudo protetor é rompido o indivíduo passa por neurose traumática.

Os indivíduos podem apresentar três tipos de escudo protetor: escudo fino, sendo superexcitável (Fig. 3.1); escudo grosso, sendo menos excitável (Fig. 3.3) e escudo médio, como normal (Fig. 3.2). O tipo de escudo pode ser inato ou podemos construí-lo em certas idades, especialmente na idade escolar, no período de latência.

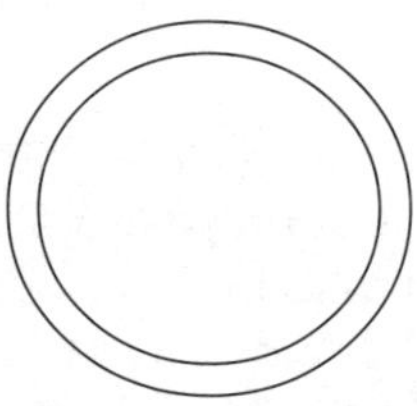

Fig. 3.1 – *O organismo superexcitável: escudo protetor fino.*

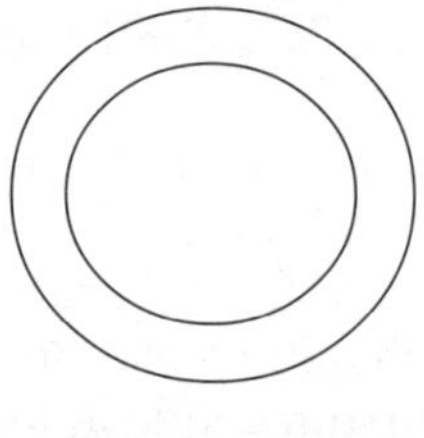

Fig. 3.2 – *O organismo normal: escudo protetor normal com grossura normal.*

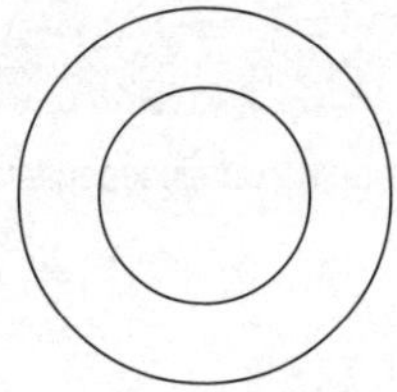

Fig. 3.3 – *O organismo pouco excitável: escudo protetor grosso.*

Na promoção da resiliência, reconhecendo os fatores de risco, podemos desenvolver os fatores de proteção como escudo protetor.

O conceito de escudo protetor na resiliência foi proposto nos anos 1990 por vários autores simultaneamente. De acordo com Bonnie Benard[8,10], uma criança resiliente pode ser descrita como envolvida por um escudo invisível enquanto navega pelos estresses inevitáveis na vida. Este escudo é desenvolvido no decorrer do tempo e cresce durante o desenvolvimento, em relações participativas com adultos que têm expectativas do melhor para eles e deles o melhor. Essencialmente são os pais e outros adultos assessoriamente.

Em outra fase é a escola que constrói escudo protetor (ou não). Os fatores de proteção se transformam em escudo protetor na fase de latência da criança. Mas a escola também pode servir como escudo protetor para ajudar crianças a resistir às múltiplas vicissitudes que podem passar no mundo estressante. Violência na família, alcoolismo dos pais e doença mental na família são condições que requerem a construção de fatores de proteção na escola fazendo com que ela se torne um escudo protetor.

INDÚSTRIA VERSUS INFERIORIDADE – ERIK ERIKSON

Em sua obra "Criança e Sociedade", Erikson[41] chama de *Indústria* a fase que se inicia próxima ao período de latência, significando dedicação, diligência e iniciativa da criança para "entrar na vida". Aprende agora a conquistar consideração produzindo coisas. Assim se prepara para dedicar-se a habilidades e tarefas que lhe causam prazer. É denominada etapa de latência porque os impulsos violentos estão

Tabela 3.1
Indústria *Versus* Inferioridade – Erikson

- É o "cenário interior" para a entrada na vida independentemente do que a vida deve ser
  - seja na vida; seja na escola;
  - seja no campo-escola;
  - seja na selva.
- A exuberante imaginação anterior no desenvolvimento:
  - se disciplina e se submete às leis impessoais;
  - produz coisas – produtor/trabalhador;
  - é persistente – dedicado/diligente;
  - aprende a conquistar consideração;
  - e na falha surge inferioridade.

normalmente adormecidos (Tabela 3.1). É um momento de bonança antes da tormenta da puberdade, quando todos os impulsos anteriores reemergem em uma nova combinação que será submetida à dominação da genitalidade.

AUTO-ESTIMA DO SELF – KOHUT

O *self* concerne com o intrapsíquico, isto é, experiências emocionais internas e estruturas da personalidade que emergem como sentimentos de *self* durante as fases de bebê e infância. É produto da interação com os que rodeiam o indivíduo, com as construções mentais e emocionais do que significam "os outros". Kohut as denominou de *objetos-do-self*. Um objeto-do-*self* pode ser uma pessoa, uma coisa, uma atividade, um símbolo etc. ou um aspecto deles que o indivíduo experimenta como parte dele. Objeto-do-*self* é usado para descrever o "outro" de quem o indivíduo tem uma experiência.

O primeiro objeto-do-*self* experimentado é mirar, focalizar, o cuidado que de regra é a Mãe, que por suas afirmativas faz crescer a própria auto-estima e o vigor do prazer. A auto-estima passa por um desenvolvimento. Esse desenvolvimento é que dá o apoio para a promoção de resiliência segundo Goldstein e Brooks[51]. Na Tabela 3.2, temos os itens que são importantes para o desenvolvimento da auto-estima.

Tabela 3.2
Construção da Auto-estima

- No desenvolvimento há construção da auto-estima que começa com mãe–pai–irmãos–família extensa–amigos, e se origina no narcisismo
- Transformações do narcisismo é o cumprimento relativamente exitoso no desenvolvimento consistente de sua auto-estima, o amor a si mesmo
- Criatividade das condições de vida
- Humor

4 Conceituando a Resiliência

A criança resiliente consegue resistir à adversidade, lutar com as incertezas e se recuperar com maior sucesso de eventos ou episódios traumáticos.

Três tipos de resiliência tendem a ser descritos:

1. representado por crianças que não sucumbem à adversidade a despeito de seu *status* de alto risco. Por exemplo: bebês nascidos prematuros;
2. representado por crianças capazes de desenvolver estratégias para enfrentar situações de estresse crônico e se sair bem. Por exemplo: filhos de pais alcoólatras, ou pais encarcerados;
3. representado por crianças que sofreram traumas extremos e que se recuperam. Por exemplo: desastres, abuso físico ou sexual, perda brusca de familiares.

RESILIÊNCIA INDIVIDUAL

Pesquisas confirmam que indivíduos altamente resilientes têm forte senso de:

- autonomia;

- auto-eficácia;
- pensamento flexível;
- traços paradoxais (peculiares).

Os diferentes tipos de personalidade influenciam a resiliência pessoal[50]. A maioria dos componentes da resiliência, segundo Benard[9], podem ser desenvolvidos:

- mentalmente;
- fisicamente;
- emocionalmente;
- espiritualmente.

CONCEITOS DE RESILIÊNCIA

Nos estudos sobre a miséria e a fome como aconteceu na Irlanda; na libertação de escravos nos EUA que ficaram sem subsistência; nos grandes movimentos migratórios com grandes concentrações urbanas vivendo em extrema pobreza; com as crianças em trabalho escravo, cujo ambiente social era sempre de violência, propício para grandes prejuízos mentais e sociais. As predições de desastres para a sobrevivência humana, feitas em função de fatores de risco, nos modelos teóricos, não se cumpriram. As altas probabilidades de prejuízo também não se cumpriram, assim como já acontecera em outros séculos com as epidemias devastadoras. As teorias se tornaram insuficientes para explicar os fenômenos de sobrevivência humana e desenvolvimento psicossocial.

Na primeira metade do século XX, duas guerras mundiais devastadoras, com o máximo de violência, com terras arrasadas, genocídio, holocausto e empobrecimento extremo, quer das nações perdedoras, quer das vencedoras, não corresponderam ao desastre humano e a recuperação psicossocial foi rápida. Os progressos tecnológicos e o bem-estar econômico superaram a adversidade e o desenvolvimento humano fez progressos.

A aplicação do enfoque de risco amplamente difundido nos programas de saúde mental mostrou a existência de numerosos casos que se desenvolveram de forma normal, apesar das constelações de fatores que em outros indivíduos determinam patologias severas.

As observações do final do século XX, analisando os múltiplos fatores, nas guerras, no pós-guerra, nas migrações ou nas catástrofes da natureza, confirmaram que resultados positivos na sobrevivência foram obtidos por muitos que tiveram imunidade e proteção frente aos desastres, às catástrofes e à violência: resistiram ou até saíram reforçados pelas experiências.

O enfoque dos estudos sobre a patologia se centralizou sobre a vítima. O novo foco sobre os que passaram imunes abriu um novo campo de observações, especialmente no desenvolvimento das crianças. O foco se orientou sobre os fatores protetores que preservam a integridade psicológica e mental dessas pessoas[43].

Vários conceitos teóricos sobre resiliência surgiram fundamentados numa variedade de disciplinas: na Psicologia, na Biologia, na Sociologia, na Psiquiatria, na Educação, norteando e direcionando a promoção da resiliência.

Alguns dos conceitos são importantes, como o do *Institute of Child Resilience and Family* (*www.rockyview.ab.ca./resiliency/resiliency-concepts.htm*):

Resiliência é a habilidade para ressurgir da adversidade, adaptar-se, recuperar-se e participar de uma vida ativa e significativa.

Outros conceitos: 1. resiliência é a capacidade do ser humano para fazer frente à adversidade da vida, superá-la e inclusive ser transformado por ela[57]; 2. resiliência significa uma combinação de fatores que permite a uma criança, a um ser humano, enfrentar e superar problemas e a adversidade da vida e ser capaz de construir com isso[126]; 3. resiliência é um conjunto de processos sociais e intrapsíquicos que possibilitam ter uma vida "sadia" num ambiente "insano"[114].

As primeiras explicações aventaram condições inatas para resistir e ter imunidade aos estressores e não se tornar vítima. A partir da década de 1990 novos conhecimentos foram ampliados e se conclui atualmente que esta imunidade pode ter características inatas, mas a imunidade psicológica, chamada de resiliência, pode ser desenvolvida no ser humano, especialmente nas crianças (*www.raisingresilientkids.com*), como processo.

TRANSMITINDO A RESILIÊNCIA

A resiliência humana é transmitida geneticamente, de forma longitudinal entre as gerações e promovida por vários processos, que se iniciam na convivência com o meio ambiente, de forma horizontal, através de modelos aprendidos para comportamentos ajustados[109].

Os processos se iniciam com a vida e podem ser desenvolvidos em qualquer idade. No início da vida e na fase de latência eles são mais globais; em outras idades, mais direcionados.

Procedimento e Processo

Procedimento é o método de fazer ou executar alguma coisa, isto é, o modo de agir, a maneira de atuar, para poder atingir um objetivo pretendido. No procedimento colocamos em movimento, seguindo uma sucessão ordenada, conhecimentos e meios para alcançar esse objetivo.

Diagnósticos e terapias são atos caracterizados por procedimentos específicos. Na previdência social, nos seguros-saúde e nos convênios de saúde, o ressarcimento é feito de acordo com procedimentos definidos e catalogados por valores segundo a complexidade de execução. Além dos procedimentos judiciais, os procedimentos médicos e psicológicos são os mais conhecidos cientificamente.

Processo é ação de proceder e, com sucessivos procedimentos, prosseguir. Processo também exprime a ordem ou a seqüência das coisas para que cada uma delas venha a seu devido tempo, dirigindo, assim, a evolução a ser seguida, até que se cumpra sua finalidade. O processo filosófico afirma que a realidade básica está em constante fluxo e mudança. Conceitos como crescimento ou criatividade são categorias de processos.

No decorrer da vida passamos por processos como fatos de nossa experiência[62]. Uma infecção, por exemplo, é um processo que ocorre em nosso organismo; ela progride no tempo e tem um desenlace: ou é curada ou nos leva à morte. O tratamento da infecção, por sua vez, é um procedimento que *interfere* no processo da doença. Essa intervenção é um fato da experiência humana.

Por que há um processo? Certamente a resposta correta envolve a compreensão da mudança e permanência da realidade: cada um requerendo o outro de forma recíproca.

A violência, característica psicopatológica, também pode ser transmitida como processo. Passou a ser categorizada como adversidade, onde existe o risco de patologia. Mas nela também podemos encontrar fatores de proteção, de imunidade, e promover o processo de resiliência[72].

O INATO E O ADQUIRIDO NA RESILIÊNCIA

A resiliência pode ser um dom inato do indivíduo e assim foi classicamente considerada. A resiliência inata deve ser potencializada. A resiliência adquirida pode ser desenvolvida e tem duas explicações para seus mecanismos que desenvolvem o processo: 1. a correspondência *gene/meme*; 2. a plasticidade neuronal do cérebro.

Genes e Memes

Introdução

Em 1976, Richard Dawkins, biólogo evolucionista, publica a obra "O gene egoísta" determinando a prova de uma idéia inovadora. Tratava de estabelecer um paralelismo no comportamento entre os *genes* da biologia evolutiva e o que ele denominou de *memes* culturais. Este paralelismo permite compreender como as idéias culturais (*meme*) se modificam, distribuem-se e se perdem.

A partir desse ano, e com trabalhos mais avançados, chegou-se a determinar como os seres humanos são formados no mundo por seus *genes* e por seus *memes*, que interagem reciprocamente e convergem ao propósito último de garantir sua sobrevivência. Os *genes* se transmitem na passagem de uma geração para outra, portanto longitudinalmente; e os *memes* na passagem da mesma geração, às vezes em minutos, portanto horizontalmente.

Os *genes* se transmitem pelo código genético e os *memes* se transmitem por imitação (*www.memes.org*) e (*www.memelab.org*). Cada bloco genético, na transmissão pelo DNA replicando características verticais de pais para filhos, eqüivale a um bloco memético na transmissão da cultura, replicando características horizontais de uma pessoa a outra (*www.memes.org*).

Segundo Dawkins[32], há uma equivalência entre o bloco *gene* e o bloco *meme*. O *meme* é transmitido por imitação e guardado na memória[12]. Podemos, assim, definir o *meme* como um padrão de informação, que ocupa um lugar na memória de um indivíduo, e que é capaz de ser copiado na memória de outro indivíduo. O indivíduo que transmite o *meme* continua portador do *meme*, e cada um deles pode replicar e transmitir o *meme* para outro indivíduo, de forma horizontal. Da mesma maneira como biologicamente é replicado e transmitido o gene de pais para os filhos e desses para netos de forma vertical.

Memética é a ciência empírica e teórica que estuda a replicação, a transmissão e a evolução (sobrevivência ou desaparecimento) dos *memes*. Segundo Blackmore[12], essas são as três funções básicas, estudadas na Genética, que se realizam sobre o gene.

Um *gene*, que se replica na reprodução e se transmite a outro ser, se produz uma certa variação sobre o conteúdo e se essa variação o faz mais adequado ao meio ambiente (pelo menos mais adequado que outros), ele sobrevive mais tempo. No caso contrário, desaparece. Se este *gene* sobreviver, voltará ao ciclo. E assim sucessivamente, de modo que, observando ciclos sucessivos, nas gerações subsequentes se produzirá uma evolução no conteúdo dos *genes* de uma espécie que vão fazendo, pouco a pouco, com que ela seja "mais bem adaptada" ao meio ambiente, mais forte e mais "competitiva" e, portanto, mais "egoísta" para vencer, independentemente se for para o "bem" ou para o "mal", e sobrevivendo mais.

A Memética é a disciplina que estuda como a evolução cultural dos padrões cognitivos e de comportamento se transmitem entre os indivíduos com a mesma variação e seleção que acontece com os *genes*, estudados na disciplina Genética. Na atualidade, comunicação e tecnologia aceleraram o tempo de transmissão dos memes para uma velocidade maior do que a da reprodução dos genes . No passado distante do homem, as velocidades podiam ser praticamente iguais[11,32].

Leia o próximo parágrafo, primeiro pulando o que está entre colchetes, depois omitindo o que vem logo antes deles. É fácil, assim, delinear, por comparação, o conceito e as funções dos *memes*.

Nosso patrimônio físico [cultural] é formado por genes [memes]. *Os* genes[memes] *são capazes de passar de pais a filhos [de uma pessoa para qualquer outra], de sofrer mutações, de competir uns com os outros e de aumentar ou diminuir suas freqüências sob o jugo da seleção natural.*

Os *memes* interagem com os *genes* e vice-versa, promovendo, assim, a evolução física e cultural das populações humanas.

A Plasticidade do Cérebro

Plasticidade cerebral ou neuroplasticidade é a denominação das capacidades adaptativas do Sistema Nervoso Central – sua habilidade para modificar sua organização estrutural própria e seu funcionamento. É a habilidade, no curso da vida, de o cérebro reorganizar vias nervosas baseadas em novas experiências (*www.vanderbilt.edu/kennedy/topics/plasticity.html*).

É a propriedade do sistema nervoso que permite o desenvolvimento de alterações estruturais em resposta à experiência, e como adaptação a condições mutantes e a estímulos repetidos. A plasticidade cerebral não se reduz numa mudança morfológica única, mas consiste mais em diferentes processos que se sucedem no decorrer da vida.

Este fato é mais bem compreendido através do conhecimento do neurônio, da natureza das suas conexões sinápticas e da organização das áreas cerebrais. A cada nova experiência do indivíduo, portanto, redes de neurônios são rearranjadas, outras tantas sinapses são reforçadas e múltiplas possibilidades de respostas ao ambiente tornam-se possíveis[52]. Muitos tipos de célula são envolvidas na neuroplasticidade, incluindo neurônios, glia e células vasculares.

Diferentes tipos de plasticidade dominam durante alguns períodos da vida de um indivíduo e são menos prevalentes em outros períodos. Além dos fatores genéticos, o cérebro é formado pelas características do meio ambiente de uma pessoa e de acordo com as ações dessa pessoa nesse meio[116].

Nos primeiros cinco anos de vida, o cérebro cresce rapidamente e cada neurônio que amadurece envia múltiplos ramos, através dos axônios que enviam as informações para fora e os dendritos que recebem informações[52]. O modelo segue uma rede telefônica onde um centro envia sinais para um tronco em outro centro e este distribui os sinais para as diferentes casas, e nessas para diferentes cômodos.

Ao nascer, cada neurônio na córtex cerebral possui aproximadamente 2.500 conexões chamadas de *sinapses* e, entre os cinco até os dez anos, o número de sinapses por cada neurônio chega a 15.000 – sinapses, quase o dobro da média do cérebro adulto. A fase de maior eficácia e persistência dessas conexões se dá durante o período de latência, entre 6 e 10 anos de idade.

Enquanto envelhecemos, antigas conexões são deletadas através de um mecanismo chamado *poda sináptica*. Essa poda é semelhante ao que o jardineiro faz com as plantas, podando-as para adquirir uma forma desejada[52].

A poda sináptica elimina as conexões que fazem ligações fracas enquanto as conexões fortes são mantidas e fortalecidas. As conexões mais ativadas pela experiência e pelo aprendizado são as mais preservadas. Neurônios precisam ter um propósito para sobreviver.

Sem um propósito ou uma finalidade, os neurônios morrem por um processo chamado de *apoptose*. Nesse processo, os neurônios que não recebem ou transmitem informações se tornam danificados e morrem. Essa é a *plasticidade sináptica* realizada e controlada por mediadores que são glutamatos e GABBA. Mesmo em adultos, podemos encontrar a plasticidade sináptica[116].

Identificando Adversidade e Resiliência

5

Os trabalhos precursores foram de Emmy Werner e Ruth Smith[149,150], atualizados em nova obra, em 2001[151]. Foram 40 anos de observação longitudinal de 500 famílias no Kauai (Hawaí), acompanhando os descendentes em seu desenvolvimento, desde o nascimento até idade adulta, e observando todos os eventos de suas vida – como reagiram especialmente à pobreza extrema, ao estresse, aos traumas, ao alcoolismo, ao abuso, aos desastres familiares e às catástrofes ambientais, todos caracterizados como adversidade.

Apesar das situações de risco a que estavam expostas, muitas crianças conseguiram sobrepor-se à adversidade e se construir como adultos com possibilidades de futuro. Werner[151] assinalou um fato que se dava na vida desses sujeitos sem exceção: todos tiveram em seu desenvolvimento o apoio irrestrito de algum adulto significativo, familiar ou não, e que não determinava detalhes especiais nas características físicas ou intelectuais nas crianças. Segundo Melillo[90], o afeto e o amor sentido estavam na base do êxito no desenvolvimento.

Em observações de Vance e cols.[139] sobre risco, foram encontradas vítimas da adversidade com transtornos psiquiátricos e agressividade, mas muitos casos submetidos ao mesmo risco apresentaram resiliência e recuperação, por fatores de proteção[133]. As crises com estresse listadas como adversidade por Projetos de Resiliência Internacional (*www.resilnet.uiuc.edu/library/grotb95b.html*), estão numa ordem por sua freqüência média em vários estudos internacionais. Significa que pode ser fator de risco de patologia, mas onde também encontramos ou desenvolvemos resiliência.

Em vários trabalhos de Wilkinson e cols.[152-154], encontramos a descrição do mundo dos cenários de qualquer risco e as dinâmicas que propiciam para atingir a resiliência.

Os cenários de risco para as crianças são: morte de pais ou avós que cuidam – divórcio – separação forçada – doença de pais ou irmãos – pobreza – mudanças – acidentes – abuso – abuso sexual – abuso no trabalho – abandono – suicídio – novos casamentos – tornar-se sem teto – hospitalização – incêndios causando ferimentos – repatriamento forçado – perda de emprego – assassinato de um membro familiar.

Além desses, há os cenários dos filhos acompanhando os pais: assaltos – guerra – fogo – terremoto – enchente – empobrecimento – estado ilegal num país – detenção política – fome – abuso por estranhos – instabilidade política – secas.

Considerando conjuntos de fatores importantes, podemos universalizar conceitos de risco. Podemos considerar *a perda* juntamente com *o luto* que acarreta, elementos importantes para muitos eventos de vida com adversidade que afetam a população globalizada. Estudando cada perda e eventos de vida com a adversidade comum a todos, podemos reconhecer a adversidade que afeta a população global[98] e os fatores de risco individuais[86].

Neste século que começou com adversidade que não existia, como o terrorismo com homens-bomba, com violência destruidora nas escolas, pois desertores que abandonam tudo e corrupção que leva a guerras inexplicáveis, os riscos se tornam mais complexos[154] e a vulnerabilidade, maior.

Precisamos considerar os efeitos deletérios de uma situação específica e com o risco para toda a comunidade. Precisamos reconhecer no individual[98] e avaliar quando o indivíduo é confrontado com várias formas de perda e prejuízo (Tabela 5.1).

Esta avaliação é analítico deliberativa.

Podemos classificar os riscos numa avaliação baseada em critérios e as estratégias analítico-deliberativas para manejar os riscos[76]. Oito critérios foram, assim, selecionados para avaliar riscos, e dentro de

Tabela 5.1
Riscos Comuns e Individuais da População na Adversidade

Riscos Comuns da População na Adversidade

- Morte
- Incapacitação física ou mental
- Eventos traumáticos
- Abuso físico ou sexual
- Doenças crônicas
- Doenças terminais

Riscos Individuais da População na Adversidade

- Envelhecimento
- Dependência de álcool
- Dependência de drogas
- Desemprego
- Rupturas em relacionamentos
- Guerra
- Migração
- Falhas educacionais

---

cada critério podem ser formadas classes, em cada risco, de outros novos riscos (Tabela 5.2).

As crianças como vítimas nesses casos, e principalmente quando são submetidas à violência, são de alto risco devido a uma grande série de fatores e apresentam conseqüências psicopatológicas em sua vida, seja durante a infância, seja durante a adolescência e na vida adulta[143].

As crianças resilientes à adversidade são reconhecidas como atores sociais, com estratégias, habilidades válidas e competência para enfrentar a violência: a resiliência[114].

No século XXI, os autores já mostraram que a "invulnerabilidade" de muitas dessas crianças que se desenvolveram com êxito tem a ver com o ambiente, com a família, a escola e a comunidade, onde se deu esse desenvolvimento[54].

Vários projetos aplicaram, na prática, processos de educação que podem aumentar a resiliência nas crianças, de acordo com as concepções sobre a criança resiliente de Grotberg[57]. Ela difundiu os projetos através da *Fundação Bernard Van Leer*, da Holanda, que mantém projetos no Brasil, mais especificamente nos municípios de Alcântara e Castelo, no Maranhão, com descendentes dos quilombos (*www.funac.ma.gov.br/resilient1.htm*).

Tabela 5.2
Critérios para Avaliar Riscos

1. Probabilidade da ocorrência
2. Extensão dos prejuízos
3. Incerteza do evento
4. Ubiqüidade
5. Persistência
6. Reversibilidade
7. Efeitos tardios
8. Potencial para mobilização

A maioria dos projetos se fundamenta na aplicação dos conhecimentos sobre prevenção e promoção dos fatores de risco e fatores de proteção, desenvolvendo fatores de resiliência como um *processo*[63].

Com a experiência das equipes nesses projetos, Grotberg[56,58,59] detalha novas idéias a respeito da natureza da resiliência:

1. a resiliência está ligada ao desenvolvimento do ser humano, incluindo diferenças etárias e do gênero;
2. promover fatores de resiliência e alcançar condutas resilientes requerem diferentes estratégias;
3. a resiliência não está relacionada ao nível socioeconômico;
4. a resiliência é diferente dos fatores de risco e dos fatores de proteção, apesar de estar relacionada a esses fatores;
5. a resiliência está intimamente relacionada com os conceitos de prevenção e promoção;
6. a resiliência é um processo: há fatores de resiliência, comportamentos resilientes e resultados resilientes.

FATORES DE RISCO E FATORES DE PROTEÇÃO

O uso tradicional de fatores de risco tem sido essencialmente biomédico, especialmente quando relacionado com resultados adversos medidos em termos de mortalidade. Por exemplo, um fator de risco associado com as doenças cardiovasculares é o consumo do tabaco. Essa concepção restrita não é suficiente para interpretar aspectos do desenvolvimento humano já que o risco também se origina no contexto social e, felizmente, a adversidade nem sempre se traduz na mortalidade.

A epidemiologia social contribuiu com os achados sobre fatores nos ambientes econômico, psicológico e familiar, numa rede complexa de fatores psicossociais, em que alguns causam danos sociais evidentes e outros amortizam contra o impacto prejudicial[10]. Estes são os *fatores protetores*, que podem atuar como escudo para favorecer o desenvolvimento humano, mesmo quando pareciam sem esperança de superação por sua intensa ou prolongada exposição a fatores de risco.

O fator de risco é qualquer característica ou qualidade da pessoa que está ligado a uma elevada probabilidade de prejuízo na saúde. Por exemplo, o parto em adolescente é de maior risco do que em mulher adulta.

Fatores protetores são condições do ambiente capazes de favorecer o indivíduo ou um grupo e de reduzir efeitos ou circunstâncias desfavoráveis[44]. Assim, por exemplo, a família estendida é *fator protetor* comparado com a família nuclear. Filho de mãe solteira tem menos fatores de proteção do que um filho de casal bem constituído.

Risco, Proteção e Resiliência na Infância

O comportamento bem adaptado resulta da interação entre a combinação dos fatores com as probabilidades de resultados negativos, conseqüentes aos riscos, com os fatores que reduzem, melhoram ou neutralizam esses resultados previstos, conseqüentes à proteção e à resiliência[109].

Risco

O risco significa a presença de um ou mais fatores que aumentam a probabilidade de resultados negativos para uma criança e pode ter muitas origens, como, por exemplo, riscos biológicos, ecológicos e combinações biopsicossociais. O risco é sempre cumulativo. Um risco mais outro risco podem não significar dois riscos, mas múltiplos riscos[76].

Os riscos podem ser prevenidos, neutralizados e superados. Na proposta de Wilkinson e cols. em três trabalhos sucessivamente publicados[152-154] precisamos reconhecer os cenários no mundo dos riscos, o histórico e a dinâmica do cenário para fazer projetos adequados.

Proteção

A proteção é a presença de características ou condições que neutralizam o risco ao qual as crianças são expostas. Pode atrasar, suprimir ou neutralizar os resultados negativos previstos.

Pode resultar de características próprias da criança, de condições criadas pela família ou de bases da convivência comunitária. A proteção também pode interagir com o risco, com efeitos compensatórios para certos riscos determinados. Mas também pode ser cumulativa, fazendo proteção desproporcional para outros riscos.

Resiliência na Infância

A resiliência é a interseção entre alto risco *versus* recursos excepcionais de proteção, que faz superar as probabilidades de resultado negativo, mantendo a competência para enfrentar pressões e a recuperação de trauma e estresse.

Para poder valorizar resultados da promoção da resiliência, Garmezy[51] propõe reconhecer os fatores que buscamos no perfil das crianças que já são reconhecidamente resilientes.

PERFIL DA CRIANÇA RESILIENTE

Diversos estudos fundamentados em Psicologia, Biologia, Sociologia, Psiquiatria e estudos sobre Farmacodependência e sobre Déficit de Atenção com Hiperatividade[51] demonstraram que certos atributos da pessoa têm uma associação positiva com a possibilidade de sobrepujar os fatores de risco, de aproveitar os fatores protetores, de ser, portanto, resiliente (*www.samgoldstein.com*).

Alguns desses atributos são precoces na criança: autonomia, comunicação fácil, empatia, controle de impulsos, certa competência cognitiva e capacidade de atenção e concentração. Também foram encontradas condições protetoras no meio ambiente da criança resiliente (*www.rockyview.ab.ca/resiliency/resiliencyconcepts.htm*).

O perfil das crianças com certas características reconhecidas serve como padrão[9,51] para podermos promover a resiliência em outras crianças e serve como padrão de pesquisas. As características da criança resiliente são:

1. competência social: a criança resiliente é flexível, sensível, atenciosa, com capacidade de demonstrar habilidades sociais.

Tem facilidade para se comunicar e nas dificuldades é capaz de usar certo humor;

2. competência para resolver problemas: a criança resiliente é capaz de pensar de forma crítica e de forma alternativa, procurando soluções para as necessidades ambientais e procurando adaptação. Não encontrando saída, busca ajuda;
3. autonomia: a criança resiliente tem forte senso de identidade e uma auto-estima positiva. Mostra independência e autocontrole. Quando as experiências são muito negativas ela se engaja numa distância adaptativa da situação;
4. tem propósito com confiança no futuro: a criança resiliente é capaz de perceber os alvos realísticos. Tem aspirações educacionais elevadas. É persistente e esforçada. É otimista e enxerga o futuro com oportunidades e sucesso;
5. tem fatores protetores contra fatores de risco: competência social. Temperamento fácil. Inteligência. Autonomia. Auto-estima. Autocontrole. Auto-eficácia. Competência em resolver problemas. Sentido de propósitos. Expectativas no futuro.

6 Promovendo a Resiliência

Além dos quatro pilares que sustentam a família – o amor, o relacionamento, o dialogo e a confiança (*www.escoladepais.org.br*) – podemos também construir pilares de resiliência nas crianças[58].

PILARES DE RESILIÊNCIA EM CRIANÇAS

Partindo do modelo criado por Grotberg[57], os atributos considerados como pilares de resiliência podem ser construídos por blocos em quatro circunstâncias: *Eu Tenho, Eu Posso, Eu Sou/Eu Estou.*

O que se busca na educação da criança para que se torne resiliente é desenvolver as condições que já possui, preencher e ampliar as condições que não estão completas ou mesmo construir as que estão ausentes. Partimos sempre dos fatores de risco, conhecendo como é a reação a cada fator e tentamos desenvolver fatores de proteção durante todo o crescimento do ser humano. As circunstâncias encontradas e que podem ser fomentadas e promovidas são:

Eu Tenho

- Pessoas ao meu redor em quem confio.
- Pessoas que não me deixam me perder.
- Pessoas que sabem me mostrar o certo.
- Pessoas que me ensinam a fazer coisas por mim mesmo e vigiam o resultado.
- Pessoas que me ajudam quando fico doente ou em perigo.

Eu Posso

- Contar para os outros sobre coisas que me assustam.
- Encontrar caminhos para resolver problemas que eu enfrente.
- Controlar-me ao fazer algo errado ou perigoso.
- Encontrar alguém que possa me ajudar quando preciso.
- Encontrar o momento certo de falar ou agir.
- Fazer travessuras e não perder o afeto de meus pais.

Eu Sou

- Uma pessoa que pode ser amada, querida, gostada por outros.
- Uma pessoa capaz de fazer bem para outros.
- Uma pessoa respeitada pelos outros.
- Uma pessoa responsável pelo que faço.
- Uma pessoa confiante de que as coisas vão dar certo.

Eu Estou

- Seguro de que tudo sairá bem.
- Rodeado de companheiros e colegas que me apreciam.
- Disposto a me responsabilizar por meus atos.
- Triste, reconheço e mostro, mas com a segurança de encontrar apoio.

FOMENTANDO E PROMOVENDO A RESILIÊNCIA

A resiliência pode ser fomentada e promovida na educação da criança. Em exemplos sugeridos por Grotberg[55,59], podemos verificar quando se fomenta e quando se promove a resiliência. A autora descreve exemplos em todas as idades, nas quais podemos desenvolver a resiliência.

Fomentando a Resiliência

Exemplo 1. Um bebê está no berço de boca para cima, chorando e agitando as pernas. Você não sabe o que está acontecendo e o bebê não pára de chorar.

Você fomenta a resiliência quando o toma nos braços e o acalenta e quando você observa se ele está molhado, se sente frio ou calor, se precisa de uma batida nas costas para eructar ou se simplesmente precisa ser acalentado ("tenho"). Se você mostra que o ama e o cuida ("sou"/"estou"), conseguirá acalmá-lo.

Não se fomenta a resiliência se o adulto simplesmente olha para ele, decide trocar as fraldas e depois lhe diz que deixe de chorar. Se não parar de chorar, sai de perto deixando-o chorar até que se canse. Esta interação não fomenta resiliência, pois o bebê precisa mais do que fraldas secas. Necessita de que o tomem no colo por breve período para se tranqüilizar mais, para saber que o querem e que o cuidam.

Exemplo 2. A menina de 2 anos está com a mãe no supermercado. Vê um pirulito, pega e começa a descascar. Quando a mãe tenta tirar da mão, começa a gritar: "Não não, é meu é meu!".

Fomenta-se a resiliência se você a leva para um lado onde não incomode os demais e explica que não pode pegar nada sem permissão, mostrando ou dando outra coisa para distraí-la. Você a ajuda a compreender os limites da conduta ("tenho"). Você a ajuda a tornar-se responsável por sua própria conduta ("sou"/"estou") e se comunica com ela enquanto ela escuta a você.

Não se fomenta a resiliência quando o adulto simplesmente a deixa comer o doce, ou se lhe dá uns tapas para largar, ou ainda se abre seus dedos à força para largar. Este tipo de interação fará com que a criança tenha medo da pessoa que constitui sua fonte de afeto e confiança, que adote uma conduta rígida e que sinta que não a querem ou não a compreendam.

Em todas as idades há várias formas de se fomentar a resiliência nas crianças. Podemos mudar a forma de proceder em qualquer momento se percebemos o perigo de não estarmos fomentando a resiliência.

Promovendo a Resiliência

Exemplo 1. Uma menina de 11 anos estava cuidando de seu irmãozinho de 3 anos quando a casa se incendiou. Ela tentou apagar o fogo, mas não conseguiu. Tentou ainda chegar onde estava o irmãozinho, mas não conseguiu. Finalmente conseguiu sair da casa e o irmão morreu queimado.

Apesar de se tratar de uma tragédia, promover a resiliência nessa menina é fundamental, para que possa superar essa adversidade e outras que se apresentem no futuro. Para isso, é indispensável a característica "eu tenho" pessoas ao meu redor em quem confio e que me querem incondicionalmente. Também "estou" disposto a me responsabilizar pelos meus atos e "estou" seguro de que tudo sairá bem, isto é, recuperar-me da tragédia. Da mesma forma, é importante a característica "posso". "Posso" encontrar alguém que me ajude quando precisar e falar sobre coisas que me assustam ou me inquietam ou ameaçam.

A rede para promover a resiliência é estendida e complexa com importância ampla e equalitária para todos os promotores de resiliência. É evidente que a psicoterapia é um dos instrumentos dessa rede: psicoterapia individual, psicoterapia familiar, psicoterapia de grupo.

A mesma importância tem a intervenção espiritual, por sacerdote ou pela comunidade. A família estendida, com parentes distantes que podem ser promovedores de resiliência. Outras famílias, que passaram por experiências semelhantes, podem funcionar como promovedoras de resiliência[70]. A intervenção de promovedores de resiliência pode ocorrer em épocas próximas ou em tempos distantes.

Essa família, acompanhada por Grotberg[57], publicada no site (www.resilnet.uiuc.edu.org), enfrentou a adversidade com a filha. Consolaram a menina, ouviram muitas vezes sua explicação de como tentou salvar o irmãozinho. Na investigação que se seguiu, perceberam que havia um vazamento de querosene na luminária. Os pais também passaram por culpas. A família, porém, saiu da tragédia mais unida do que nunca e a menina conseguiu seguir adiante em sua vida.

A resiliência pode ser promovida em qualquer idade, e promover a resiliência se torna mais fácil quando é considerada em termos de construção de blocos nas diferentes fases de desenvolvimento e crescimento[58].

Os blocos de construção correspondem a idades e fases de desenvolvimento comuns a todas as pessoas (*www.omh.state.nyus/omhweb/omhq/q0303/Resiliance.htm*). Identificam e indicam os limites de quais fatores de resiliência podem ser promovidos em cada idade[9,10]. Os blocos fundamentais são:

1. confiança;
2. autonomia;
3. iniciativa;
4. dedicação;
5. identidade.

Confiança

O bloco confiança é a chave para promover a resiliência e se torna a base para promover outros fatores de resiliência. O indivíduo precisa aprender a confiar em si mesmo e a confiar em outros a partir de sua família. É fundamental a construção do bloco de confiança na família.

A Desconfiança

A desconfiança está permeando as relações dos jovens com todas as instituições. A instituição que se salva, segundo as pesquisas, continua sendo a família.

Uma pesquisa da Fundação Perseu Abramo, publicada em *A Folha de São Paulo* no domingo, 2 de abril de 2000, mostrou que os jovens brasileiros de 14 a 24 anos não confiam nos partidos, no governo, na escola, nos juízes nem nos padres, mas confiam em suas famílias. Destes, 80% confiam totalmente nos pais, 18% confiam parcialmente e só 1% não confia nada na família.

Em nossa pesquisa sobre credibilidade na transmissão de valores, a família está muito à frente de outras instituições que merecem a credibilidade dos jovens[66]. Usamos essas pesquisas para correlacionar credibilidade com a confiança dos jovens e crianças na família (Tabela 6.1).

Na família o jovem confia muito. É com essa confiança que temos de lidar. A família pode estar fomentando a desconfiança sem perceber o risco. Nos últimos anos está sendo transmitido um novo repertório de valores: confiança excessiva no conhecimento científico; confiança excessiva na auto-suficiência; confiança excessiva no individualismo quase isolacionista. A família, como a sociedade, está promovendo a desconfiança nas relações humanas.

Como reflexo, surgem situações complexas nas relações das pessoas dentro dos lares, onde cada membro tem seu quarto – com sua TV, seu som, seu computador, seu videogame – onde recebe seus amigos e suas amigas, trancando-o muitas vezes ou impedindo os outros membros da família de entrar. O espaço público familiar, como sala de estar ou sala de refeições, está minimizado[123].

Tabela 6.1
Credibilidade dos Jovens nas Instituições

1. Família: 73%
2. Igreja: 20%
3. Sindicato: 20%
4. Escola: 18%
5. Empresas: 13%
6. Forças armadas: 12%
7. Entidades estudantis: 10%
8. Meios de comunicação: 5%
9. Congresso nacional: 1,5%
10. Polícia: 1%

Como a criança confia muito nos pais e os jovens, na família, podemos desenvolver cada vez mais esta confiança para impedir a cultura de desconfiança.

No dólar americano está escrito *"IN GOD WE TRUST"*, em Deus nós confiamos. Não está escrito "confiamos em Deus". Assim deve ser com a família: *"NA FAMÍLIA NÓS CONFIAMOS."*

Na família nós confiamos, agrupamos alguns atributos indispensáveis que precisam ser desenvolvidos, educados e aperfeiçoados continuamente. Além da confiança, temos a honestidade, a crença, a esperança, a responsabilidade e tomada de decisões, a verdade e a fidelidade. Vamos detalhar esses atributos para sua aplicação e desenvolvimento.

Atributos da Confiança na Família

Confiança

Podemos ter confiança, passar por crise de desconfiança e depois recuperar ou perder a confiança.

A confiança é ato e sentimento de acreditar um no outro. A confiança em uma pessoa desde que se nasce é o sentimento que você tem em poder acreditar que ela fará o que se supõe que faça e que não vai falhar ou desapontar você. Resulta num sentimento posterior, no desenvolvimento, na crença de que você próprio vai poder lidar com sucesso nas situações da vida, usando suas próprias habilidades e qualidades.

É o sentimento primário e fundamental para se ter segurança. É o sentimento que dá a certeza de que o que você está fazendo ou dizendo é correto de acordo com os fatos e sem erros. Se não, há distorções.

É o fundamento para as relações familiares conseguirem ter segredos e contê-los. "Os segredos familiares." Pode, assim, ter relações corretas com os outros.

Honestidade

Se você tem confiança na pessoa, acredita que é sincera e honesta e que não fará deliberadamente qualquer coisa que poderá feri-lo ou machucá-lo; mesmo quando o castiga, você conseguirá fazer a reparação do fato.

Você acredita que ela é capaz e tem vontade de fazer o que você quer que faça e agir no caminho que você quer. É capaz de olhar por você e de protegê-lo.

Faz você se desenvolver com solidariedade porque entende a sinceridade das pessoas. Sente também a aprovação de suas ações.

Crença

Desenvolvendo a confiança nos pais pode crer sem precisar de prova. Desenvolvendo a crença em Deus, não necessitará da prova de sua existência.

Ter a crença em alguém, acima de todas as coisas, dá o dimensionamento da vida. Abre as escolhas dos caminhos que poderá seguir. Os sentidos da vida. Você, tendo confiança, pode ter a crença no amor, e no partilhar o amor, que não precisará de provas de sua existência.

Com a confiança, desenvolve a crença de que poderá se sair bem de dificuldades e as enxergará quando são transitórias.

É o fundamento da fé.

Esperança

Quando você tem confiança você também tem a esperança de que as coisas e os fatos verdadeiros aconteçam. Você aceita e compreende os acontecimentos a se desenrolar. Você não discrimina por cor ou idéias os outros porque tem esperança de que consegue alcançar o que todos alcançam. É capaz, por isto, de socorrer os outros.

Segundo o poeta Schiller, a esperança é que nos introduz na vida. Ela é capaz de nos dar alegria e levar-nos a usufruir da alegria quando ela aparece. Melhor ainda, ela nos protege da tristeza. Ela se torna a razão de viver... e de morrer.

A confiança desenvolve a esperança de fazer uma coisa, você querer fazê-la e ter a intenção de fazê-la com todas as suas possibilidades e competência.

Responsabilidade e Tomada de Decisões

Se você tem confiança, assume as responsabilidades. A primeira responsabilidade é de corresponder às pessoas de confiança. Assim, responde ao afeto com atos afetivos. Obrigações e tarefas se tornam fáceis. A pessoa é capaz de tomar as decisões a cada momento do seu desenvolvimento.

A confiança gera a responsabilidade e a responsabilidade ajuda a tomar as decisões: corretas, verdadeiras, honestas. Tomar decisões é a resolução continuada de problemas que se criam.

Verdade

A confiança faz reconhecer a verdade. Entre várias alternativas, fica fácil saber qual é a verdadeira.

As relações de confiança desenvolvem a verdade como fundamento das relações. São os fatos reais sobre a situação e entre as pessoas e não algo que é inventado, imaginado ou escondido. Intenção de falar a verdade, de expressar o sentimento que é verdadeiro e de ter a verdade nas próprias relações de confiança, e que não é disfarçada, não cria danos ou prejuízos.

Facilita também, além de reconhecer a verdade, a procura da verdade como mudança entre todos os erros. Os que dizem a verdade são descobertos. Conversando com as crianças depois de brigas entre os pais, elas dizem que perderam a confiança, e quando isto acontece elas não sabem mais em quem confiar e o que esperar.

Fidelidade

A confiança cria a fidelidade familiar. É a constância, a firmeza e a lealdade. É conversar com os filhos sobre lealdade e fidelidade.

Mostrar como a gente é a cópia fiel das formas do caráter da família. É a expressão com exatidão para a família com lealdade ao que é dito. É a obediência aos princípios e aos fins que a família tem. Com os adolescentes, conversar sobre fidelidade sexual e lealdade ao corpo dos membros da família.

Lidar com a Confiança na Família

A família se sustenta em quatro pilares fundamentais:

O Amor. O Relacionamento. O Diálogo. A Confiança.

Os primeiros três foram tema de todos os 41 *Congressos da Escola de Pais*, onde publicamos nossos artigos em todos os anais (livros) desses Congressos (*www.escoladepais.org.br*).

Atualmente, a confiança recebeu atenção no mundo e até se chegou ao cálculo de um *Índice de Confiança* (IC). A descoberta foi de teóricos americanos da Economia e serviu nos últimos anos para medir o Índice de Confiança que as pessoas podiam ter nas Bolsas de Valores dos EUA, e em qual empresa da bolsa o IC era mais alto e, portanto, de maior confiança. Como foi detectado com antecipação a perda do Índice de Confiança nas empresas de tecnologia eletrônica separarou os Índices da Bolsa em dois índices diferentes: o tradicional (Dow Jones) e os da tecnologia eletrônica (Nasdaq).

Os postos de gasolina no mundo também usaram um aparelho que mede o Índice de Confiança na marca. Se ficar azul, pode-se ter confiança na marca da gasolina. Se ficar amarelo, alerta no produto. Se ficar vermelho, distância dela.

A confiança precisa ser desenvolvida na família e o Índice de Confiança na Família – ICF – deve aumentar constantemente entre todos os membros: pais entre si; pais com os filhos; filhos com os pais, com os irmãos, com os avós.

Se no aparelho medidor familiar ficar amarelo, precisamos estar alerta e melhorar o Índice: ver onde baixou a confiança. Saber através do diálogo, onde está baixando a confiança. Tentar através do relacionamento aumentar a confiança. E, através do amor, não deixar o aparelho medidor ficar muito tempo no vermelho. Quando acaba a confiança, a família perde um dos pilares de sustentação e pode ruir. O mesmo acontece com os outros três pilares: Amor, Relacionamento e Diálogo.

O segredo do pilar sustentáculo Índice de Confiança na Família – ICF é que aumentando os outros pilares de sustentação ele também pode aumentar. Acontece o mesmo que em outros índices como: Índice do Desenvolvimento Humano (IDH) e Índice da Qualidade de Vida (ICV), estabelecidos na década de 1990 e aprovados pela ONU. Esses Índices calculam vários indicadores e os combinam para obter um número que pode melhorar ou piorar a cada ano, a cada década ou a cada século.

Conhecendo esses Índices podemos, através deles, comparar países, cidades ou bairros, podendo ser incentivados nos "indicadores componentes", que são fixos, sempre os mesmos, para melhorar o Índice geral.

Medir o Desenvolvimento Humano

O IDH – Índice de Desenvolvimento Humano – é o indicador do desenvolvimento humano. Combina basicamente os seguintes indicadores componentes:

1. expectativa de vida ao nascer;
2. nível de instrução da população;
3. nível de renda da população.

Os países deixaram de ser classificados em países ricos ou pobres. Se não houver boa distribuição da renda, ou o país não resolver o analfabetismo, o IDH será baixo, como acontece, por exemplo, com países muito ricos pelo petróleo, que possuem e têm um IDH muito baixo. Em 1998, o Brasil foi classificado em 74º lugar entre 130 países possíveis de serem classificados. Em primeiro lugar, ficou o Canadá. Vários países da América Latina superaram o Brasil.

$$IDH = \frac{IR + IL + IEd}{3}$$

IR – Indicador de Rendimentos de um País; IL – Indicador de Longevidade de um País.
IEd – Indicador Educacional de um País.

Medir a Qualidade de Vida

O ICV – Índice de Condições de Vida – mede a qualidade de vida de um país ou de uma cidade. É o IDH ampliado, acrescentado de: condições habitacionais, acesso ao trabalho e oportunidades para o desenvolvimento infantil.

Temos os seguintes indicadores componentes do Índice:

1. expectativa de vida ao nascer: a melhora se dá no índice de mortalidade infantil no primeiro ano de vida e depois nos primeiros cinco anos de vida;
2. oportunidades para o desenvolvimento infantil: é o investimento com a saúde física, psicológica e como ambiente de educação infantil, como creches, parques, pré-escola;
3. escola e período escolar: três horas ou duas horas e meia de período escolar é pouco, para melhorar a escola tem que ser de tempo integral;
4. condições habitacionais: as favelas e cortiços precisam ter saneamento básico com água, esgoto e energia. O critério na avaliação passa, por exemplo, na construção de grandes prédios privilegiados com toda a assistência do saneamento ao lado das favelas com carências;
5. acesso ao trabalho: ter os meios de transporte suficientes e tarifas adequadas, com tempo reduzido, para chegar ao trabalho. As melhoras estão na maior oferta de trabalho, melhorar o transporte coletivo;
6. nível de renda: não é somente a divisão da riqueza do país pelo número de pessoas, mas a distribuição da renda. Para melhorar o Índice, o valor entre os salários não devem estar entre extremos; entre o mais baixo e o mais elevado, deve haver maior equilíbrio. No ICV, o Brasil está um pouco abaixo do que no IDH, perdendo para alguns países latino-americanos mais pobres, como Costa Rica, Chile, Argentina, Uruguai e Equador, por exemplo.

Medir a Confiança na Família

O ICF – Índice de Confiança na Família – mede as condições de convivência de uma família e se os participantes ou um dos participantes têm condições de continuar na família ou abandoná-la.

É uma das colunas de sustentação da família junto com os outros três pilares: *o amor, o relacionamento e o diálogo*. Não é possível ainda medir um Índice de Amor – ou se ama ou não se ama. Não existe amar só um pouquinho o filho ou só em alguns dias por semana. Não existe apego parcial a um dos filhos ou relacionamento parcial entre os pais, pode até haver um péssimo relacionamento. Não existe também a medição do diálogo. Pode haver conversa de pai para filho ao qual os filhos chamam de "diágolo". Temos ainda muito para aprender sobre o amor, o relacionamento e o diálogo[72].

Os indicadores componentes do ICF são:

1. honestidade: o desenvolvimento da honestidade deve estar na educação dos valores que a família transmite aos filhos. Na família, é um indicador importante para a proteção contra a desonestidade que circunda a família. A honestidade na família pode sempre ser corrigida e melhorar o Índice de Confiança;
2. responsabilidade: assumir os atos realizados dentro da família. Uns serem responsáveis pelos outros: pais por filhos, filhos por pais e irmãos e todos pela família;
3. tomar decisões: partilhar nas decisões que envolvem a família. Respeitar a privacidade de cada um dentro da família;
4. fidelidade: deve existir entre todos os membros. Não só a fidelidade corporal entre os pais, mas também a fidelidade emocional entre eles e a fidelidade dos filhos para com a família;
5. verdade: o mundo circundante é recheado de mentiras. A verdade preservada na família é um indicador importante para melhorar o Índice. A correção das verdades e mentiras melhora o Índice;
6. fé e esperança: as mesmas crenças e a mesma fé são indicadores que podem ser desenvolvidos. A mesma religião e as mesmas esperanças. A fé e a esperança na própria família.

Podemos comparar as famílias segundo seu ICF e reconhecer quando estão sendo bem construídas e quando estão ameaçadas de ruína. Mesmo nas famílias do divórcio, a confiança pode ser edificada com blocos para construir novos fatores de resiliência.

7

Medindo a Resiliência

As medidas da resiliência são mais úteis quando fazemos pesquisas do que quando promovemos a resiliência. No entanto, também são úteis quando queremos comparar dados de coorte na promoção ou quando fomentamos a resiliência. As medidas nos dão condições de observar se um determinado projeto resulta em desenvolver fatores resilientes ou o processo resiliente.

Alguns critérios precisam ser articulados para as medidas com a finalidade de medir as intervenções usadas. Em primeiro lugar, as intervenções usadas que determinaram o comportamento de adaptação bem-sucedido. Em segundo lugar, identificar os fatores protetores colocados como hipótese para modificar os fatores de risco.

É necessário compreender e identificar as seqüências dos riscos e identificar os mecanismos protetores que rompem essas seqüências[109]. Precisamos medir:

1. a adversidade: fatores de risco.
2. a resistência: fatores de proteção.
3. a adaptação positiva: fatores resilientes.
4. o processo de resiliência: desenvolvimento.

MEDINDO OS FATORES DE RISCO

1. Múltiplos fatores diferentes num único instrumento. O método para sua validez precisa a associação entre o risco e o resultado esperado, comparados com os que afetam a população global.
2. Situações de vida específicos. Apresenta fatores proximais e fatores distais.
3. Constelação de múltiplos riscos. É mais um mapeamento do que uma escala. Fundamenta-se em critérios de valores – os oito critérios que avaliam os riscos.
4. Em todos casos, precisamos considerar uma criança pobre que não fracassa e uma pobre criança que fracassa.

MEDINDO OS FATORES DE PROTEÇÃO

1. Metas para o desenvolvimento. Múltiplas fontes precisam ser aferidas: familiares, professores e amigos.
2. Ausência de desajuste. Ausência de transtornos psicopatológicos.
3. Constelação de adaptação. Comparativo entre mais resilientes e menos resilientes.

MEDINDO OS FATORES RESILIENTES

1. Método baseado em variáveis. Depende da concepção teórica da resiliência. É o que fundamenta os projetos da promoção.
2. Método baseado em indivíduos. As diferenças entre crianças resilientes e crianças não resilientes. É o que fundamenta o programa do promovedor.
3. Em adultos, podemos calcular um QI de resiliência reconhecendo seus próprios fatores de risco e procurar os fatores proteção com avaliação em pontos[108]. Fatores de risco superados ou fatores de proteção ganhos modificam o QI de resiliência. Pode fundamentar um programa próprio, pesquisa ou busca de ajuda.

MEDINDO O PROCESSO DE RESILIÊNCIA

É mais um processo clínico do que medida objetiva[72]. Podemos tentar, de forma empírica, construir uma fórmula que permita orientação.

RESILIÊNCIA = f Risco (-) + f Proteção (+).

Onde f é a somatória de riscos e de proteção e Total (+) > Total (-)

PROCESSO RESILIENTE = Resiliência + X

Onde X é uma variável que se modifica com o Total (+) e o Total (-)

INTERVENÇÕES DO PROMOVEDOR DA RESILIÊNCIA

Os profissionais que lidam com a resiliência são chamados, na maioria das publicações, de *promovedores da resiliência.*

O promovedor, em sua prática, segue várias estratégias. As estratégias da intervenção se fundamentam na identificação dos riscos, no desenvolvimento dos mecanismos de proteção e no desafio de rever a literatura sobre as pesquisas quando há pouco consenso, para se fundamentar nas melhores evidências[44].

O alvo da intervenção é um projeto:

1. identificar as seqüências dos riscos em seus fatores;
2. identificar os mecanismos de proteção que podem romper a seqüência dos riscos;
3. diminuir sobretudo os riscos;
4. fortalecer os mecanismos protetores, reconhecendo os fatores protetores e reforçando-os especialmente quando são cumulativos.

Para promover a resiliência, precisamos conhecer os processos, do desenvolvimento da criança em seu meio, em todas suas interações possíveis. No início, com os vínculos familiares, e a seguir na adaptação à escolaridade, a interação com colegas e amigos e na interação social na adolescência e juventude[47].

A intervenção deve reduzir a sensibilidade individual para os riscos-chave. Precisa concentrar-se nos diferentes fatores de risco em suas diferentes questões, durante o desenvolvimento da criança. A intervenção deve criar novas oportunidades na construção de novos blocos para aumentar a resistência do ser em desenvolvimento. Deve interromper as cadeias de riscos e seus mecanismos.

Nas diferentes idades e fases podemos promover a resiliência de forma apropriada nas circunstâncias: *Eu Tenho, Eu Posso, Eu Sou/Eu Estou.*

Duas fases são importantes:
1. nascimento e vínculos com a família;
2. período de latência na escolaridade.

FAZENDO AS ESTRATÉGIAS PARA EU TENHO, EU POSSO, EU SOU/EU ESTOU

Autonomia

Autonomia é a capacidade de o ser humano tomar decisões sobre sua vida de forma independente ou livre.

A idéia de que as crianças são agentes autônomos, que os pais devem respeitar e o Estado deve proteger esta autonomia é errônea. A autonomia sempre deve ser construída e ela apresenta as características de imaturidade no processo do desenvolvimento.

Crianças pequenas não têm experiência ou conhecimento para tomar decisões a favor ou contra, frente a temas de significado importante. Aprendemos a respeito, quando as crianças, nas separações, precisam tomar decisão sobre o tema: viver com a mãe ou com o pai.

Os adultos que tomaram a decisão de casar por "sua livre vontade" não foram tão autônomos e não podemos esperar a autonomia dos filhos a respeito. Precisamos reconhecer que mesmo crianças pequenas têm a capacidade de tomar alguma decisão, porém sem a responsabilidade que a autonomia requer para ser exercida. Podemos chamá-la de *autonomia circunscrita*[81] sem corresponder à sua inteira vontade e responsabilidade (*www.etsu.edu/philos/faculty/hugh/autonomy.htm*).

Precisamos distinguir três questões:
1. a criança possui os recursos da experiência racional para se responsabilizar pelos efeitos futuros imediatos ou mediatos sobre suas decisões?;
2. os pais permitem que a criança tome decisões sobre seu futuro?;
3. o Estado e as instituições protegem a prerrogativa de a criança tomar as decisões sobre seu futuro?

A primeira questão se refere às habilidades intelectuais e volitivas da criança, chamada *autonomia descritiva.* A segunda e terceira questões se referem à relação dos pais e das autoridades legais com as decisões da criança, a chamada *autonomia normativa.*

Historicamente, significa como as crianças são tratadas e como elas reagem. Uma garota que vive com pais que abusam, mesmo decidindo se "divorciar" deles como autonomia descritiva, não terá a autonomia normativa a seu favor e terá que aceitar as decisões da autoridade legal.

A criança, desenvolvendo gradualmente sua autonomia, aprende a ser totalmente autônoma, mas para isso precisa sentir permissão para agir. Passa, portanto, por fases de *autonomia circunscrita*. Três fases são fundamentais:

1. autonomia administrada;
2. autonomia monitorada;
3. autonomia restrita ao mínimo.

Fase de Autonomia Administrada

Quando as crianças são pequenas elas têm pouca habilidade para decidir. Precisam aprender, e para isso têm que começar muito cedo. É importante proteger as crianças de decisões imprudentes. Os pais, no início, e os professores, posteriormente, podem conceder certas prerrogativas, mas cuidadosamente administradas, muito semelhante à forma de se administrar um medicamento[81].

Os pais tentam deixar a criança perceber que tem escolhas para assumir responsabilidades sobre pequenas questões, como, por exemplo, colocar algo no lixo, e têm que observar se a questão, de assumir certa autonomia, é bem aceita por ela. Por pequena que seja esta autonomia, ela estará aprendendo a fazer opções sensatas e não estará somente obedecendo às ordens dos outros. Os pais devem intervir bastante nas tomadas de decisão.

Fase de Autonomia Monitorada

Enquanto as crianças ainda são pequenas e se debatem com as mínimas doses de autonomia administrada, os pais poderão dar chance de escolha para responsabilidades maiores. Os pais devem fazer aprender entre margens amplas de escolhas, não limitando a regras estreitas e monitorando os resultados das decisões. Devem deixar ela se sentir um pouco melindrada ao agir, mas também estarem preparados para intervir quando a decisão é perigosa ou prejudicial.

A intervenção não deve ser rápida ou freqüente como na fase da autonomia administrada. Sempre podemos esperar por um resultado que poderá ser monitorado. Pais e professores ou cuidadoras de creches devem estar preparados para saber que estão em outra fase, ou então que a criança ainda não conseguiu desenvolver ou aprender o suficiente de autonomia na primeira fase. Podem ser conservadas por um tempo mais longo na fase de autonomia administrada.

Fase de Autonomia Restrita ao Mínimo

Quando a criança está maior e já desenvolveu significados intelectuais crescentes e maior estabilidade emocional para fazer escolhas adequadas, os pais devem fornecer autonomia crescente com o mínimo de restrições. Os pais e professores ainda interferem de vez em quando, mas sem "mão pesada".

Os pais permitem que a criança cometa maiores erros do que nas fases anteriores e podem interferir de forma mais diversa do que com outros adultos, mostrando seu interesse e ajudando-a a não se submeter a outros. A melhor intervenção é o diálogo entre pais e filhos.

Nas três fases de desenvolvimento da autonomia, o pivô está entre os pais e os filhos como projeto para construir a autonomia normativa. A metamorfose do pensamento irracional para parcialmente racional até o mais racional deve ser acompanhada e até planejada pelos pais inicialmente, na escola posteriormente e por instituições, quando requeridas. Tomar decisões e conseguir compreender as conseqüências é o alvo da construção deste bloco.

Iniciativa

Desde bebê, a criança tem iniciativa para fazer algo com as dificuldades crescentes que consegue enfrentar. Para a iniciativa se desenvolver, ela precisa *ter aprovação*. Os pais no início e professores posteriormente precisam selecionar o que merece aprovação. Não é o necessariamente certo que precisa ter aprovação, mas a iniciativa que a criança demonstra. Precisa ser importante o que está fazendo ou tentando fazer. A criança com iniciativa tem a habilidade de pensar sobre coisas novas e efetivas, junto com o entusiasmo para executar seu pensamento. Seu desenvolvimento com a aprovação se torna o bloco que constrói o ser humano ambicioso e com energia.

A iniciativa é sempre um ato ou um *procedimento*, resultado de uma capacidade física, cognitiva ou moral, que é visto como uma tentativa de resolver um problema ou obter algo que se quer alcançar. A iniciativa pode ser uma ação ou uma declaração. Podemos encontrar ou desenvolver três condições:

1. ter a iniciativa;
2. tomar a iniciativa;
3. usar a iniciativa.

Ter a Iniciativa

Se a criança tem iniciativa ela é capaz de ver quais as necessidades que precisam ser cumpridas e pode realizá-las de forma eficaz e inteligente. Não precisa que outras pessoas dêem instruções ou ordens. Se em seus atos a criança toma *decisões com autonomia* e tem iniciativa ela se encontra em posição de vantagem ou mesmo de superioridade sobre os outros e sobre o grupo. Consegue com isto alcançar poder e controlar como e quando as coisas acontecem. É, assim, um fator de resiliência.

Tomar a Iniciativa

Se a criança toma a iniciativa em uma situação ela pode ser a primeira a se mover para algo importante, ou mesmo realizar algo importante em primeiro lugar. E se sentir como tal.

Usar a Iniciativa

Quando a criança usa a iniciativa ela percebe que está praticando sua *própria iniciativa*. Ela pensa sobre isto e executa a ação com seu próprio julgamento, em lugar de contar com a opinião dos outros a respeito. Assim, está mais capacitada para desenvolver *a confiança* nas pessoas certas.

De regra, as condições pedem a *aprovação* em doses crescentes desde o aplauso quando consegue engatinhar para alcançar o brinquedo, o sorriso ou meneio de cabeça quando completa um projeto, até ao diálogo de aprovação a respeito, por exemplo no bom rendimento escolar e ao ganhar uma competição esportiva.

Dedicação

Desde o nascimento, a mãe primeiro e o pai acessoriamente precisam ter dedicação quase total para o bebê. Dedicação para o filho é demonstrar um grande interesse, é a colocação de grande energia e transmissão de afeto pelos pais, porque assim tem a convicção de que é importante. A dedicação requer um grande dispêndio de tempo.

O ser humano que antigmente vivia, em número de anos, por um tempo mais reduzido do que o contemporâneo, tinha muito tempo para despender, com pouca noção do tempo que gastava na dedicação aos filhos, ao trabalho, ao lazer ou então ao escrever, criar arte e cumprir tarefas. Atualmente, como o tempo é escasso, apesar de o ser humano sobreviver quase o dobro do que vivia, passou a ser de grande importância a correlação tempo/dedicação.

Dedicar pouco tempo, e sempre com muita pressa, significa pouca dedicação para o filho (ou mesmo para qualquer outra pessoa). A dedicação não é somente o empenho, mas a demonstração de extremo afeto e sacrifício válido. Este afeto é correspondido por dedicação do filho na primeira infância – é capaz de desenvolver a dedicação na fase escolar quando precisa empenhar-se em tarefas que serão importantes para a vida.

A dedicação permite selecionar os fatos quando:

1. são importantes;
2. são corretos;
3. valem a pena.

A dedicação também é um dos blocos da resiliência, porque desenvolve o atributo da *persistência*.

Persistência

A persistência significa repetir e repetir uma tarefa até conseguir considerar que ela está terminada. Os povos orientais possuem maior persistência do que os ocidentais. A persistência também é o fato de alguma coisa continuar a existir por longo tempo. Os sintomas de depressão, por exemplo.

A dedicação constrói os dois aspectos do predicado persistência:

1. ter a persistência;
2. ser persistente.

Quando a criança tem persistência ela continua fazendo alguma coisa com determinação, mesmo quando é difícil executar, ou outras pessoas são contra.

Quando a criança é persistente, as tarefas continuam existindo por muito tempo, mesmo quando elas não estão presentes no momento.

Os dois atributos são *intelectuais* e não de forma *obstinada*, como desafio aos outros, ou transtorno emocional, como *obsessão*.

Identidade

Todo ser humano, ao nascer, precisa ter um nome e uma certidão de nascimento com esse nome, que passa a ser sua identidade. O ser humano sem identidade é extremamente vulnerável, com muitos fatores de risco e praticamente sem fatores de proteção.

A falta de identidade reconhecida pode ser por omissão ao nascimento, pode ser por se encontrar foragido (da fome ou da perseguição) de forma ilegal, e pode ser por exclusão social, com a perda da identidade (por discriminação de raça, religião e política).

Na maioria das vezes, as crianças acompanham os pais que, por sua vez, também perderam sua identidade e os filhos acabam sendo mais vitimados que os adultos. Não podem ser matriculados no sistema escolar, no Sistema de Saúde ou no sistema de Previdência Social por falta de qualquer documento de identidade.

A construção desse bloco identidade é capaz de modificar todos ou muitos fatores de risco a que as crianças estão expostas. É fácil dizer, mas difícil fazer. Muitas vezes basta tirar uma certidão de nascimento em sua cidade, em seu país. Na maioria das vezes é necessária a intervenção de Organizações Internacionais e acordos entre governos para se conseguir que uma criança obtenha *documento de identificação* e algum fator de proteção.

A identidade sempre foi importante para a vida. A filosofia se ocupou da identidade, desde os questionamentos de Platão: *o que faz uma coisa continuar a mesma coisa que foi antes*? E a outra questão: *o que faz esta coisa particular ser da mesma espécie de coisa que uma outra*? Durante séculos a resposta foi considerada que a mesma imutável e eterna essência (ou substância) das coisas fazia elas serem iguais. A essência permanece a mesma, sem mudança; só na superfície há mudanças acidentais.

A resposta científica para a identidade, com a ciência Newtoniana em sua explicação sobre identidade, tem o suporte na massa das partículas atômicas. A ciência Newtoniana responde para a outra questão: *o que faz esta coisa particular ser da mesma espécie de outra coisa particular*? De forma semelhante à resposta da primeira: *as duas têm a mesma substância (ou essência)* –, a massa atômica responde pelas duas questões.

Na Filosofia, temos a questão seguinte: *o que faz dois objetos distintos que são da mesma espécie de objetos diferentes indivíduos*? A resposta filosófica clássica é sobre *a individuação*. Completando a identidade, consideramos como individuação: *a locação no espaço e no tempo, e a configuração de características superficiais e acidentais.* O princípio da *identidade indiscernível*, de Leibniz, articula esta posição. A primeira forma do *princípio de Identidade dos Indiscerníveis* de Leibniz (PII) estabelece um critério geral, sendo classificada como a mais fraca para identificar os indivíduos. Assim o PII(1) Princípio de Leibniz estabelece que:

Não é possível existir, em nenhum lugar, dois indivíduos possuindo todas as intrínsecas propriedades e relações em comum. Diz Leibniz: Se dois indivíduos não podem ser distinguidos segundo diferentes atributos, então se trata de um e o mesmo indivíduo.

A segunda forma do Princípio de Leibniz exclui desse conjunto aquelas propriedades ditas espaço-temporais. Regida pela admissão do *Princípio da Impenetrabilidade*, em que PII(2) estabelece a identificação de dois indivíduos, possuindo todas as suas propriedades em comum, pela sua localização no espaço e no tempo:

Dois indivíduos, por maiores semelhanças que possam apresentar, possuem diferentes propriedades espaço-temporais, uma vez que não podem, segundo o PII, ambos ocupar o mesmo lugar no mesmo instante do tempo. Sendo esse um critério individualizador de fundamental importância, assumido na segundo forma do PII.

Em sua obra sobre sistemas complexos de identidade, Juarrero[75] estabelece os fundamentos da identidade na filosofia com compreensão para a construção da resiliência e, no site em 1999, Juarrero[75] propõe (*http://isce.edu/site/Juarrero.pdf*) como desafio na resiliência a construção do bloco da identidade através de seu sistema.

Em sua aplicação na construção do bloco de resiliência, a identidade tem a ver com a identidade cérebro/mente na proposição de Damasio[31].

Premissa 1: a mente = qualquer entidade que se exterioriza para causar nosso comportamento.

Premissa 2: atualmente descobrimos que a causa de nosso comportamento é o cérebro.

Portanto,

Conclusão 3: a mente = o cérebro.

A regra é da correlação cérebro-mente:

Para cada tipo M *de evento mental que ocorre no organismo* O, *existe um estado cerebral de tipo* C (o correlato neural ou substrato), *tal que* M *ocorre para* O, *no tempo* T, *se e quando* C *ocorre ao* O *em* T.

Em nossa experiência, os profissionais que trabalham com a promoção da resiliência se beneficiam em sua própria resiliência, tornando-se mais resilientes.

8 Qualificando as Fases para Promover Eu Tenho, Eu Posso, Eu Sou/Eu Estou

Podemos fomentar a resiliência em qualquer fase da vida. Também podemos promover a resiliência em qualquer idade, mas vamos caracterizar as duas fases mais importantes no desenvolvimento humano para sua promoção:

1. nascimento: primeira infância;
2. período de latência: fase escolar fundamental.

NASCIMENTO E VÍNCULOS NA PRIMEIRA INFÂNCIA

Apego e Vínculo

O apego é definido como a ligação psicológica continuada entre seres humanos[14], que permanece como um dos mais importantes blocos para o desenvolvimento humano. Começa com a ligação entre a mãe e o bebê intra-uterino, ajudando a criança a desenvolver o *self* e uma identidade[129]. O vínculo mãe-bebê tem sido descrito como crucial para a sobrevivência e o desenvolvimento da criança[2].

Já foi considerado que a amamentação, por si, constitui o vínculo mãe-filho, mas a teoria foi desfeita quando os notáveis estudos conduzidos por Harlow e seus cols.[69] com macacos demonstraram que a estimulação táctil (o toque) é um vínculo crítico entre mãe e filho. Construíram duas mães substitutas. Uma foi feita com tela de arame de galinheiro e a outra coberta com roupas macias. Uma mamadeira podia ser amarrada a cada uma das substitutas. Cada bebê macaco podia dispor das duas figuras, mas alguns dos macaquinhos só eram alimentados pela substituta de arame, e outros, só pela vestida com roupas macias.

As investigações concluíram que todos os macaquinhos desenvolveram o clássico agarramento com a substituta com roupas, preferindo "sua" presença entre as mamadas e em situações estressantes. A "mãe de arame" era ignorada com exceção da hora da mamada. Apesar de a mãe macia com roupas não ser, no final das contas, mãe adequada para seus bebês, mesmo sendo procurada, seus bebês não se desenvolveram bem. A maioria das macacas femininas, na maturidade, não era capaz de cuidar bem de sua própria prole, sendo até cruel.

Geralmente os termos *apego* e *vínculo* costumam ser usados de forma permutável com o mesmo sentido – aqui vamos distingui-los.

Vínculo[15] se refere à ligação entre os pais e seus filhos desde as primeiras horas após o nascimento, até dias ou semanas. Apego se refere ao relacionamento entre crianças, pais e cuidadores, que se desenvolve gradualmente, consistindo num *processo* em desenvolvimento.

O processo do vínculo se inicia desde o nascimento do bebê, por isso podemos caracterizar o vínculo criança-família.

Vínculo Criança-Família

No primeiro mês de vida, o bebê se percebe como algo no ambiente circundante. No segundo mês, a tarefa básica do desenvolvimento é adquirir um equilíbrio fisiológico autônomo e um ritmo próprio. Este equilíbrio é alcançado à custa de numerosos remates no desenvolvimento do ciclo de vínculos, preparando o caminho para o processo do apego.

Do mês dois ao mês seis a criança passa por mudanças e não se percebe mais imerso no ambiente para se perceber "unido" aos seus pais. Aparecem sinais de vínculo com seu principal cuidador. Sorri, faz contato ocular e acompanha com os olhos o afastamento. Emite sons diferentes para aliciar o vínculo. Os sons expressam prazer, fazendo ao mesmo tempo contato com o olhar que se expande de poucos segundos para alguns minutos nesse período. Há uma preocupação com a face dos pais, e já percebe se estão correspondendo a seus sons.

No sexto mês o bebê vinculado mostra toda a gama de emoções. Corresponde ao namoro dos pais e toma iniciativas para namorá-los.

Entre o sexto e o sétimo meses, o bebê começa a sofrer ansiedade frente aos estranhos, afastando-se ou chorando. Paradoxalmente, a *ansiedade ao estranho* reforça o vínculo com os pais. É esse vínculo que define qualquer outro como estrangeiro. Sem um vínculo, não existem estranhos, qualquer um é de igual importância emocional ou sem nenhuma importância. A conduta de se afastar de estrangeiros e se voltar para os pais buscando segurança vai-se atenuando até se transformar, após algumas semanas, no seu substituto: *ansiedade de separação*.

A ansiedade de separação é a manifestação clínica de sofrimento psicológico e corporal quando há afastamento da figura da mãe ou do cuidador, com recuperação rápida na reaproximação da figura de segurança. O sofrimento é grande por falta do conhecimento pela criança do tempo decorrido. O pico da fase está entre dez e 12 meses. É transitória e normalmente diminui até os 15 meses com a independência deambulatória da criança (Tabela 8.1). Pode perdurar até os 24 ou 36 meses desaparecendo na fase de sociabilidade da criança, quando é ela que larga a mãe e vai atrás de outros interesses. Este é um fator de testemunho da intensidade do vínculo da criança com a mãe e que se completa na vida no processo continuado do apego.

Vínculo Família–Criança

Regulação das Emoções

A regulação das emoções no cérebro se inicia durante o mútuo diálogo dos olhares entre mãe-filho (Tabela 8.2). A regulação e a organização da percepção emocional do bebê se desenvolvem na contínua interação com sua mãe ou cuidador. As investigações comprovam que a mãe, que responde com prazer para a criança através do contato do olhar, estimula o aprendizado social positivo em seu bebê[118]. Em contraste, a mãe que não responde a esse precoce contato pelos olhos, por exemplo, mães depressivas, não estão provendo o aprendizado das experiências sociais – o que prejudica o processo de apego humano que é fundamental para o crescimento emocional sadio[2].

Tabela 8.1
Vínculo Criança-família

- Primeiro mês: A criança se sente como imerso no meio que a circunda
- Segundo mês: A criança começa a adquirir um equilíbrio fisiológico autônomo e ritmo próprio
- Terceiro ao sexto mês: A criança tem a experiência de se sentir "unida" à mãe. Aparecem sinais do desenvolvimento do vínculo com o cuidador. Sorri, faz contato ocular e acompanha com os olhos o afastamento. Emite sons diferentes para aliciar o apego
- Sexto ao sétimo mês: A criança começa a experimentar ansiedade aos estranhos com choro e afastamento. Paradoxalmente, a ansiedade aos estranhos reforça o vínculo com os pais, que protegem contra os estranhos
- Nono ao décimo mês: A criança começa a apresentar ansiedade de separação. Transitória até 12º ao 15º mês nas crianças normais. Perdura até 24º e 36º mês em crianças vulneráveis e é pouco evidente em crianças invulneráveis
- Nessa fase a resiliência é o resultado da interação entre fatores de risco e fatores de proteção. Os fatores de risco precisam ser prevenidos ou evitados[109]. Os fatores são: prematuridade, parto traumático, doenças físicas ou psicológicas da mãe
- Os fatores de proteção podem ser[109]: planejados e desenvolvidos

---

Tabela 8.2
Vínculo Família-criança

1. Regulação das emoções no cérebro
   Começa com o diálogo entre olhares mútuos da criança com a mãe e o pai.
   No primeiro mês a criança está zonza e não organizada no foco, mas corresponde ao olhar e passa a se organizar e é estimulada para o apego emocional
2. Namoro entre os pais e a criança
   A partir do olhar, do sorriso e dos primeiros sons as emoções são direcionadas para o amor e o envolvimento social
3. Manipulação pelo choro
   O entendimento do choro pela mãe é o passo importante da regulação emocional no cérebro
   - Fome
   - Dor e Desconforto
   - Medo. De forma alternada ou mista
4. Órgãos dos sentidos
5. Fatores de risco
   Quando o SNC não responde
   Quando os pais estão perturbados
6. Fatores protetores
   Podem ser desenvolvidos

Namoro Pais – Criança

A partir do diálogo pelo olhar começa o namoro dos pais com a criança. O sorriso passa a ser um instrumento aliciador para este namoro. Os sons iniciados pelos pais, e depois correspondidos com sons diferentes para mãe e pai, se tornam o regulador da emoção amorosa e desenvolvem capacidades de apego para a vida, centralizadas na amizade e no próprio amor.

O Choro

O aprendizado social também se realiza através da comunicação pelo choro. Mãe, cuidador ou pai, primeiro precisa ouvir que a criança está chorando e comunicar para a criança que está entendendo seu choro. Com freqüência, o bebê dá sinal ao seu cuidador de que algo não está bem com ele, através do choramingo fraco que pode intensificar-se até chegar a um choro frenético se não recebe resposta do cuidador[119].

O cuidador deve aproximar-se, olhar, tocar, acariciar e acalentar. O choro pode ser desencadeado porque o bebê está com fome, sede, com dor, desconfortável ou amedrontado. Muitas vezes, o choro é desconsiderado por parecer expressão de manipulação ou braveza. Mesmo assim, nos bebês pequenos, o choro pode ser considerado como medo de não ser atendido ou por vulnerabilidade em se sentir sozinho, no escuro por exemplo.

Crianças choronas não atendidas podem chorar uma hora seguida até a rouquidão. O tempo para ser atendida deve ser de um limite razoável, sob risco de aprender de não ser atendida nunca, sem conforto para as crises de choro, de se sentir sem valor para cuidados, o que pode desenvolver uma auto-estima baixa e um contato difícil com o mundo.

O bebê não tem outra forma de comunicação que não seja o choro. Quando maior, começando a entender e a falar, o choro pode ser entendido como manha ou birra e outras atenções podem ser fornecidas, como conversar, explicar, ensinar.

Órgãos dos Sentidos

A visão de recém-nascido não é tão eficiente como os outros órgãos dos sentidos que são consideravelmente mais eficientes em suas funções. Ao nascer, o tato já é desenvolvido. O bebê tem respostas corporais diferentes ao toque. A resposta corresponde ao grau e da pessoa que o toca; os movimentos são diferentes para um sopro ou um cutuco na sua barriga.

O sentido do cheiro no recém-nascido é sofisticado. Baseado na direção em que viram sua cabeça, demonstram, por exemplo, reconhecer a diferença do cheiro de sua mãe e de um estranho.

O sentido do gosto também é eficiente em recém-nascidos. Preferem soluções doces comparadas com soluções amargas ou salinas; além disso, discriminam entre o gosto doce, preferindo o gosto da solução de glicose comparada à de lactose.

Apesar de a audição se desenvolver mais tarde do que os outros sentidos, ela é mais sofisticada do que a visão, por exemplo. As experiências que acompanham a audição se baseiam nos padrões de sucção. Aceleram a sucção quando entre outros sons reconhecem a voz de sua mãe. Poucas horas após o nascimento reconhecem a voz de sua mãe e não reconhecem a voz de seu pai. Várias experiências confirmam que o bebê intra-uterino escuta a voz da mãe e a discrimina entre outros ruídos.

Somente aos 3 meses de idade reconhece a face de sua mãe e somente entre 6 e 7 meses consegue pensar que sua mãe é uma pessoa muito especial em sua vida. As habilidades cognitivas, o desenvolvimento do comportamento social e a expressão do comportamento emocional têm um relativo período longo de incubação.

Embora o recém-nascido sorria, este sorriso geralmente é um ato reflexo. Assim também é a resposta de mostrar a língua imitando um adulto que mostra a língua, e não significa um comportamento social. O sorriso social somente ocorre entre seis e sete semanas, quando o bebê inicia um comportamento social de aliciamento, especialmente para os familiares, fazendo beicinho de afastamento para estranhos.

Da mesma forma, apesar de o bebê nesta fase ser capaz de distinguir entre uma face sorridente e uma face triste, não tem idéia do que isto significa para os humanos. Esta habilidade só aparece por volta de 1 ano de idade.

Assim também, a manifestação de suas emoções é limitada. Emoções que os adultos interpretam como excitação ou prazer são reconhecidas com freqüência, de forma precoce no decorrer do primeiro ano. Mas as emoções mais diferenciadas como medo, raiva ou tristeza só se desenvolvem no fim do primeiro ano.

Fatores de Risco no Desenvolvimento do Vínculo

Os fatores de risco mais comuns na criança:

- problemas de visão;
- problemas de audição;
- prematuridade;
- problemas no desenvolvimento motor;
- problemas no desenvolvimento psicológico, psiquiátrico e de retardo mental.

Fatores de Risco na Visão e Audição Prejudicadas

Visão

Na interação precoce, o contato corporal é essencial nas primeiras semanas, mas a visão é a mais importante via de comunicação. Uma criança com visão normal expressa a alegria que sente na comunicação; entendemos a criança sem uma explicação.

Uma criança com prejuízos na visão pode não enxergar o sorriso dos adultos e precisa de reforço por estímulos tácteis e informações auditivas. Geralmente, essa criança não mantém o contato visual de olho a olho, mas se mantém atenta a estímulos auditivos. O risco é a criança perceber que não haja interesse na interação.

A tarefa mais importante no exame da criança é encontrar a quantidade de visão que usa para a comunicação (*www.lea-test.fi/en/assessme/vision.html*). Nossa expectativa para a resposta da criança na interação é a de visão normal, antes de entender outro tipo de resposta: como da criança com prejuízo de visão.

Audição

Cada um dos nossos sentidos desempenha um papel importante no desenvolvimento precoce; a audição lidera esses sentidos. Muito do vínculo precoce entre filhos e pais tem a ver com a habilidade de a criança responder para suas vozes com gorjeios e arrulhos. Muitos dos movimentos precoces estão associados a barulhos que ouve ao seu redor e gradualmente direciona sua atenção para o foco correto do som.

Quando a criança chora pode ouvir seus pais chegando para confortá-la. A habilidade da criança que ouve bem está diretamente ligada ao bom desenvolvimento, o que não ocorre com as crianças que nascem com prejuízos ou surdez. Terão prejuízos para a linguagem falada, lida e escrita, mesmo com inteligência normal, e também dificuldades sociais.

Os pais precisam ser treinados para poder desenvolver o vínculo precoce e os fatores protetores para ajudar a desenvolver precocemente os fatores de resiliência, limitando os efeitos graves das conseqüências. As crianças, muitas vezes, não escutam sua voz ou seu choro, vivendo num mundo mudo, sem sons, e por isso isoladas e solitárias. Estes sentimentos precisam ser antecipados pelos pais e com olhar, gestos e toques ajudar a criança. Só assim poderá desenvolver posteriormente o apego.

Quando o bebê tem prejuízos de visão e audição em conjunto, os programas de comunicação táctil podem ser ensinados aos pais e cuidadores com a finalidade de desenvolver um vínculo precoce e um apego durante a vida.

Prematuridade

As publicações de coorte sobre o acompanhamento, por vários anos, de prematuros aparecem como evidência da resiliência desenvolvida por vínculo e apego. A sobrevivência, além do bom desenvolvimento dos bebês prematuros na atualidade, é a conseqüência dos conhecimentos sobre resilência. Aprendemos que a tecnologia não desenvolve apego e vínculo no ser humano. Isto só pode ser criado e desenvolvido entre seres humanos.

Na década de 1930, com a promoção da mamadeira, as mães gradualmente deixaram de amamentar seus filhos, para trabalhar e ganhar dinheiro. A mamadeira foi um triunfo. Poucos alertaram para a importância do seio materno como Spock[122] que já em 1957 propalava que as crianças amamentadas no seio materno eram mais saudáveis e se desenvolviam emocionalmente melhor.

Com o início do movimento feminista, e com o crescimento da tecnologia, o *meme* era "não amamentar filhos" – oferecer mamadeira era a moda. Os primeiros trabalhos de Brazelton[15] não focalizaram a comparação sobre as vantagens entre os tipos de leite, mas sobre o vínculo mãe-bebê na hora da amamentação. Seus estudos foram sobre prematuros. A tecnologia salvava bebês prematuros que antes pareciam inviáveis e que permaneciam em UTIs especializadas durante meses.

A proposição de Brazelton[16] era sobre a presença da mãe junto ao prematuro, na maior parte do dia, não afastadas dos aparelhos e afastados durante um tempo (*www.preemieparentsupport.com/bond.html*).

Surgiu assim o *bebê-mãe canguru*. Bebê amarrado no peito da mãe, com olho no olho, podendo alcançar o seio materno em vários momentos, sentindo o calor, o cheiro e a voz da mãe, mesmo quando entubado ou alimentado por mamadeiras.

Os resultados da tecnologia com monitoração e intervenção nas emergências na própria isolete foram e continuam sendo superados pela mamãe canguru. A morbidade e a mortalidade diminuíram, o desenvolvimento motor e dos órgãos de sentido são mais acelerados do que nos casos atendidos com tecnologia robotisada. O vínculo se torna efetivo e o apego se desenvolve bem durante a vida (*www.babyparenting. about.com*).

Dificuldades Motoras

As dificuldades motoras são freqüentes nos bebês. Paralisias dos membros, deformações em articulações, *geno-valgo*, precisam de intervenções cirúrgicas, correções e uso prolongado de aparelhos de gesso ou prótese e são fatores de risco para o desenvolvimento do vínculo.

Com o corpo emparedado em gesso, os bebês não encontram o calor e a proximidade do corpo da mãe. Estas crianças estão mais sujeitas a infecções, dificuldades com as vias respiratórias, e os pais, ou somente a mãe, precisam ser ajudados na construção de fatores de proteção, já que essas crianças podem manter, por anos, sinais de prematuridade.

Problemas Psicológicos Psiquiátricos e de Retardo Mental

As síndromes podem ser reconhecidas na hora do nascimento, como a Síndrome de Down ou podem surgir mais tarde, como o Autismo Infantil. Podem também ser durante o desenvolvimento da fala e na aprendizagem, onde aparece discrepância significativa em comparação com os de mesma faixa etária e quando pode ser diagnosticado retardo mental em algum grau. Além de tratamentos indicados para estes casos, os pais precisam ser ajudados para desenvolver apego, fatores protetores e fatores resilientes.

Efeitos do Relacionamento do Apego

O desenvolvimento do vínculo nas primeiras fases (*bonding*) é o fundamento para o desenvolvimento do relacionamento do apego (*attachment*) na vida, posteriormente[2,15]. O desenvolvimento do apego, por sua vez, é o fundamento para os fatores de resiliência durante a vida.

Todas as pesquisas de coorte confirmam que o vínculo e o apego são as fontes para "eu tenho", "eu posso", "eu sou/eu estou" para cada fase e idade da vida do ser humano. As crianças que tiveram, precocemente, um vínculo e apego seguros são mais resilientes.

*Distúrbios do Vínculo **(bonding)** e do Apego **(attachment)***

Distúrbio do apego é uma condição na qual o indivíduo tem dificuldade em criar relacionamentos de intimidade e amor duradouros[129]. O distúrbio de apego varia em gravidade, mas o termo é geralmente reservado para indivíduos que mostram uma quase completa falta de habilidade em ser genuinamente afetivo com os outros – eles tipicamente falham em desenvolver uma consciência e não aprendem a confiar (*www.instituteforattachment.org/to-whatisit.htm*).

Criança que tem Vínculo Sadio com um Cuidador Amoroso

- Sente-se segura e amada.
- Pode atingir seu potencial.
- Pode desenvolver relacionamentos recíprocos.
- Desenvolve consciência.
- Enfrenta estresse e ansiedade.
- Torna-se auto-confiante.

Criança que não tem Apego Sadio com Cuidador Amoroso

- Não confia no cuidador e em adultos com autoridade.
- Tem problemas de controle extremos, manifestando manipulação velada ou franca hostilidade.
- Não desenvolve fundamentos morais: sem empatia, sem remorsos, sem consciência, sem piedade dos outros.
- Falta de habilidade para dar ou receber afeição ou amor genuínos.
- Resiste a todos os esforços em ser educado.

- Falta de pensamento entre causa e efeito.
- Age de forma negativa provocando raiva nos outros.
- Mente, furta, engana, manipula.
- É hostil, destrutiva, cruel, briguenta, explosiva.
- Falta de autocontrole, impulsiva.
- É superficialmente charmosa e agradável.

O processo de desenvolver um apego sadio pode ser rompido desde a fase do vínculo sadio ou em qualquer outra fase do crescimento por: abuso, negligência, abandono, múltiplas mudanças de cuidador, adoção, doenças dolorosas, exposição a álcool/drogas na gravidez, depressão materna, cuidados diários inconsistentes.

Pais de Crianças com Distúrbios de Apego Apresentam com Freqüência

- Sentimentos de isolamento e depressão.
- Sentimentos de frustração e estresse.
- São supervigilantes, agitados, difíceis de se concentrar.
- São confusos, problemáticos, obcecados em achar respostas.
- Se sentem culpados por familiares, amigos e profissionais em seu trabalho.
- Se sentem vítimas, sem esperança, raivosos.
- Sentem que os problemas são minimizados pelos profissionais que procuram ajudar.

9 Latência - Esta Fase Desconhecida

Descrita por Freud, a latência é considerada como fase tranqüila do desenvolvimento da personalidade. É quando os problemas emocionais pressionam pouco e o problema psicossexual arrefece. A tranqüilidade é explicada pela fase operacional e racional que se inicia[104].

É a fase de escolaridade quando os fatores resilientes se constroem com maior estabilidade e podem ser promovidos pela família, pela escola e pela comunidade. A escola sempre deverá ser o local onde a resiliência consegue ser fomentada – deve ser resiliente, assim como a família e a comunidade[64,91].

USANDO A ESCOLA PARA PROMOVER A RESILIÊNCIA

A Cartilha sobre Resiliência para Crianças e para Adolescentes

A partir de setembro de 2003, a Associação de Psicologia Americana (APA) patrocinou um projeto para promover a resilência nas escolas, entre alunos de 10 a 11 anos. Foram distribuídas as cartilhas sobre resiliência para as crianças do final do curso primário, para seus professores e para seus pais. O título em inglês era *Bouncing Back*, que em português pode significar: *dar um rebote, escapar, repelir, rechaçar ou dar a volta por cima e se sair bem*. É a volta para a primavera que se foi e voltará.

Os profissionais que acompanharam os resultados dos 2 milhões e 200 mil alunos evidenciaram a utilidade em se promover a resiliência nessa faixa de idade (*www.apa.org*).

A cartilha foi distribuída em duas formas:

1. para os pais e professores;
2. para os alunos.

Cartilha para os Pais e Professores com as Dez Dicas para Adaptar as Dez Proposições para as Diferentes Idades

As proposições são para serem discutidas nas classes com os professores e entre os alunos. Os pais também devem discutir com os filhos com os professores e com os supervisores do projeto.

Nossa tendência é idealizar a infância como uma idade feliz e despreocupante. Mas a mocidade por si não oferece escudo contra ferimentos emocionais e traumas que muitas crianças enfrentam. Elas podem ser obrigadas a enfrentar desde a valentia de colegas até o abuso em sua casa. Juntando a isso as incertezas que fazem parte do crescimento, encontraremos crianças que passam por tudo, menos felicidade e despreocupação. A capacidade para reagir a esses desafios, se saindo bem, resultam das habilidades para resiliência que a criança já tem.

A boa notícia é que essas boas habilidades de resiliência podem ser aprendidas.

Construir resiliência – a habilidade de se adaptar bem contra a adversidade, trauma, tragédia ou mesmo fontes significativas de estresse – pode ajudar nossos filhos a lidar com estresse e sentimentos de ansiedade e de incerteza. Contudo, sendo resilientes, não significa que as crianças deixem de passar por dificuldades e angústia. Dor emocional e tristeza são comuns quando passamos por traumas maiores, como perdas de pessoas queridas, ou mesmo quando ouvimos os traumas ou perdas dos outros.

Todos nós podemos desenvolver resiliência. E nós podemos ajudar nossos filhos a desenvolver sua própria resiliência. Consiste em comportamentos, pensamentos e ações que podem ser aprendidos em seu conjunto. Seguem as dez dicas para construir resiliência.

1. Faça Conexões

Ensine seu filho a fazer amigos, incluindo a importância da empatia, ajundando-o a perceber o sofrimento do outro.

Encoraje seu filho a ser amigo e assim granjear amizades.

Construa uma rede familiar forte para dar suporte a seu filho em seus desapontamentos e mágoas.

Na escola, observe se a criança não está sendo isolada. A conexão com pessoas proporciona suporte social e reforça a resiliência.

Algumas pessoas encontram conforto na conexão com uma força superior, tanto em religião organizada, quanto na privacidade. Você pode introduzir seu filho em seu próprio culto ou tradição.

2. Ajude seu Filho ou sua Filha a Prestar Ajuda a Outros

Crianças que se sentem frágeis podem sentir-se mais fortes quando ajudam outros. Envolva seu filho num trabalho voluntário apropriado à sua idade.

Procure para si mesmo um trabalho assistencial onde o seu filho possa ajudá-lo a realizar alguma tarefa.

Na escola, quebrar a cabeça com os colegas sobre as rotas a perseguir para ajudar os outros é de grande importância.

3. Mantenha uma Rotina Diária

Fixar uma rotina pode ser confortável para uma criança, especialmente para crianças menores que anseiam por organização em suas vidas.

Encoraje seu filho a desenvolver sua própria rotina.

4. Faça uma Pausa

Por mais que seja importante fixar rotinas, a preocupação sem fim pode tornar-se contraproducente. Ensine seu filho a focalizar alguma coisa além daquilo que o está preocupando.

Saiba que seu filho pode estar exposto a situações que atrapalham: seja por notícias, seja pela internet, seja por conversações complexas e faça uma pausa se isso realmente o está atrapalhando.

Apesar de as escolas manterem exigências na realização das provas, construa, em tempos não estruturados, ocasiões de criatividade ou algum lazer.

5. Ensine seu Filho a se Cuidar

Faça de você um bom exemplo e ensine a seu filho a importância de comer apropriadamente, de se exercitar e repousar.

Tenha certeza de que seu filho possa divertir-se e de que ele não esteja carregando para a vida toda uma lista de atividades entre as quais nunca terá um momento para relaxar.

Aprender a se cuidar e ter sempre um tempo para se divertir ajudará seu filho a se manter equilibrado e a lidar melhor com períodos de estresse.

6. Mova-se para um Objetivo

Ensine seu filho a estabelecer objetivos razoáveis e se dirigir para eles dando um passo de cada vez.

Mover-se para algum objetivo – mesmo sendo um passo curto –, recebendo elogio por conseguir fazer o passo, irá focalizar seu filho no que realizou e não no que ele falhou, e pode ajudá-lo a construir a resiliência, andar para a frente ao enfrentar desafios.

Eduque para uma Autovisão Positiva

Ajude seu filho a lembrar os caminhos pelos quais enfrentou no passado, as dificuldades, e ajude-o a entender que isso o leva a construir forças para lidar com desafios futuros.

Ajude seu filho a aprender a ter confiança em si mesmo, a resolver problemas e a tomar decisões apropriadas.

Ensine seu filho a ver o humor na vida e a ter habilidade de achar engraçado e poder dar risada com o que acontece.

Na escola, ajude as crianças a ver como as colaborações individuais contribuem para a satisfação e o bem-estar da classe como um todo.

Mantenha as Coisas com Perspectiva e com Esperança nos Resultados.

Mesmo quando seu filho passa por eventos dolorosos, ajude-o a olhar para a situação num contexto mais amplo e manter uma perspectiva de longo termo. Mesmo que para seu filho pequeno seja difícil considerar uma visão própria a longo termo, ajude-o a enxergar que há um futuro além da situação atual e que esse futuro pode ser bom.

Uma percepção otimista e positiva permite a seu filho ver as coisas boas da vida, e que pode continuar andando mesmo nos tempos mais duros.

Na escola, use a história para mostrar que a vida continua mesmo após maus acontecimentos.

Olhe para Oportunidades de Auto-descobrimento

Através dos tempos, são freqüentes os momentos em que a criança aprende o máximo sobre si mesmo.

Ajude seu filho a verificar que, em qualquer situação que esteja enfrentando, ele pode aprender "do que ele é feito".

Na escola, considere primeiro em discussões sobre o que cada aluno aprendeu sem olhar para baixo. E considere como seria olhar para cima.

Aceite que Mudanças Fazem Parte da Vida

Mudanças podem ser assustadoras para crianças e adolescentes.

Ajude sua criança a perceber que mudanças fazem parte da vida e que novas metas podem substituir as que se tornaram inatingíveis.

Na escola, mostre como foi quando os alunos passaram para uma série superior e discuta o quanto estas mudanças têm impacto sobre eles. Cada turma tem que se considerar como única. A comparação com outras turmas pode tornar-se um risco, porque não poderão superar o ideal que foi aquela outra.

Cartilha para Crianças e Púberes – Dez Dicas para Construir Resiliência

1. Enturme-se

Converse com seus amigos sobre todos os assuntos e, por que não, também com seus pais. Entenda que seus pais podem ter maior experiência na vida, mesmo que pareça que nunca tiveram sua idade e não entendem nada. Eles podem estar com medo do que acontece quando você "está na sua", e fica mais difícil para eles se abrirem e se mostrarem de verdade pra você.

Não tenha medo de expressar sua opinião, mesmo quando pai, mãe ou mesmo amigo/a estão em outra. Pergunte e ouça as respostas. Não significa que a opinião dos outros é a certa. Arrume conexões na sua comunidade: na igreja, no esporte, no colégio.

2. Relaxe. Dê um Tempo

Quando alguma coisa de ruim acontece na sua vida, o estresse pelo qual você está passando aumenta a tensão do dia-a-dia.

Suas emoções também podem estar à tona, por causa dos hormônios e das mudanças físicas – a incerteza que aparece nessa hora de trauma ou tragédia pode fazer parecer estas mudanças mais extremas. Esteja preparado para isto. Vá devagar, com você e com seus amigos.

3. Escape da Chatice

Faça de seu espaço ou seu quarto "zona livre de chatice" – não que você ponha todo mundo para fora, mas sua casa deve ser um porto seguro, livre de estresse e ansiedade.

Entenda, entretanto, que seus pais ou seus irmãos podem também estar passando por seu próprio estresse, se alguma coisa séria aconteceu com você, e podem querer passar um tempo maior com você.

4. Mantenha seu Programa

Durante o período escolar aparecem mais oportunidades e maiores mudanças; portanto, mantenha sua casa constante. Durante o período de estresse maior, estabeleça uma rotina e se apegue a ela.

Você pode estar fazendo muitas coisas, mas não se esqueça do mapa da rotina que seja mais confortável. Pode ser um lanche antes de ir para a escola ou, à noite, fazer telefonemas para um amigo ou uma amiga.

5. Cuide-se

Tenha certeza de que você se cuida por si mesmo – fisicamente, mentalmente e espiritualmente. E durma. Se não dormir você poderá estar mais nervoso e macambúzio no momento em que precisar de energia – tudo pode estar acontecendo e você caindo de sono.

6. *Controle-se*

Mesmo no meio da tormenta ou tragédia você pode dirigir-se a um alvo dando um passo após o outro.

Durante os tempos duros você também precisa ser durão, mesmo que só sair da cama e poder ir para a escola sejam as únicas coisas a fazer no momento; cumprir o que precisa ser feito pode ser de grande ajuda.

Maus momentos podem fazer-nos sentir fora de controle. Agarre-se num pouco do seu controle e poderá dominar melhor a situação para tomar decisões.

7. *Desembuche. Ponha para Fora*

Tragédias podem levantar muitas emoções conflitantes. Fica difícil de contar para alguém o que você está sentindo. Se falar não ajuda, faça alguma coisa diferente para capturar suas emoções e não extravasar tanto. Faça um diário ou algo artístico ou procure algo esportivo para disputar.

8. *Ajude Alguém*

Nada é mais capaz de manter sua cabeça fora dos problemas do que resolver algum problema dos outros. Tente fazer trabalho voluntário na escola, na sua comunidade ou no seu prédio.

Ajude alguém a fazer as lições –, crianças menores ou colegas que entendam menos que você –; ajude no jardim ou na limpeza de ruas da comunidade.

9. *Ponha as Coisas no Lugar*

As várias maneiras de você ter ultrapassado seu próprio estresse podem estar ocorrendo com os outros. Considere que as coisas mudaram e os tempos ruins passaram.

Se você ainda acha que pode cair numa dessas, pense em como você enfrentou seus medos em lugar de se meter novamente em confusão.

Aprenda a se acalmar de alguma forma, ora pensando numa música que você já conhece de outros tempos, "tempos de estresse", ora respirando fundo para relaxar.

10. Desliga, Meu!

Você sempre quer estar informado. Mesmo quando você faz uma pesquisa para a escola você acaba sabendo das notícias. Mas algumas vezes as notícias, com seu foco no que é sensacional, podem trazer a sensação de que as coisas não vão bem. Nesses casos, tente limitar a quantidade de notícias, quer pela televisão, quer pela Internet, jornais ou revistas.

Assistindo a uma reportagem que informa uma vez, você não precisa repetir e repetir. A repetição só aumenta a sensação desagradável e o estresse e não contribui para trazer novos conhecimentos.

Roteiro para os Pais de Púberes e Adolescentes

1. Qual é a Importância que Você ainda Tem

Muitos pais acreditam que, no momento em que seus filhos chegam na adolescência, não há nada mais que eles possam fazer. Errado. Os filhos na puberdade e no começo da adolescência correm riscos, precisando muito do atendimento e da orientação dos pais[124].

Para não se envolverem em apuros precisam da ajuda dos pais. Precisam dar satisfação por seus atos para alguém. O melhor é que seja para os pais. Precisam causar satisfação para os pais, especialmente no rendimento escolar.

2. Defenda Argumentos a Todo Custo

As funções dos pais precisam adaptar-se em cada idade dos filhos. Na adolescência, não combina dizer "porque eu mandei". Tudo precisa ser argumentado. Mesmo precisando "subir na mesa" para defender suas idéias e seus argumentos. Os filhos podem ganhar com os argumentos deles, mas aprendem a argumentar melhor.

3. Não se Retraia em Demonstrar Afeto Físico

O afeto físico é ainda importante nesta fase. Mas não se pode constranger o púbere na frente dos outros – amigos ou desconhecidos. Não é para sair "de braço dado", pois demonstra vulnerabilidade na busca de sua independência. Em casa, nos diferentes momentos em que você achar que deve abraçar ou fazer um carinho deve fazê-lo. Beijar na hora de dormir, por exemplo, mostra que o afeto existe fisicamente na família.

4. As Estratégias são Diferentes de Outras Idades

Repetir as mesmas queixas, as mesmas críticas, passa a ser ridículo, na fase de operação abstrata Piagetiana pela qual seu filho está passando. Já passou pela idade em que a repetição fazia parte do aprendizado.

O respeito pelas observações e decisões do adolescente é importante. Os elogios precisam corresponder a eventos favoráveis e não falsos.

Explique claramente suas regras e determinações com nitidez e aceite propostas também claras para ser convencido. Assim como não é convincente "porque eu sou sua mãe ou seu pai", também não é convincente o adolescente argumentar "porque todo mundo tem/faz".

5. Ouça até o fim o que está Sendo Dito

Precisa ouvir tudo o que o adolescente tem a dizer, senão ele não falará mais. Mesmo quando ele/ela desafia, o discurso precisa ser ouvido. Só depois responder e ser ouvido. Sempre há o que dizer. Não é para ser mais obediente, mas também poderá aumentar sua confiança nos pais e nele.

6. Mantenha-se Envolvido

Tudo que envolve os filhos púberes e adolescentes o envolve também. Para o bem e para o mal. Não há como escapar. É um erro achar que não tem mais nada a ver.

Muitos pais ativamente envolvidos com seus filhos quando pequenos consideram que a adolescência é uma fase na qual não precisam envolver-se mais. Rendimento escolar, sexo com gravidez (homens e mulheres), álcool e drogas acaba caindo no colo dos pais. Envolva-se com amigos, com namorados/namoradas, com a escola, com o grupo social. É a idade em que começa a racionalizar e sua parceria com presença física ou com informações que os adolescentes prestam é considerado por eles como aliança, correndo menos riscos.

Pais são envolvidos nessa fase, na definição de vocações profissionais, universitárias ou não. Os riscos de errar são menores quando os pais se envolvem. Dizer "que ele é que sabe o que irá fazer" é um erro. Ele/ela não tem experiência para decidir. Poderão, juntos, pedir ajuda profissional com envolvimento e participação.

7. Mantenha Limites Adequados sem Imposição

A coisa mais importante para seus filhos é o amor e que eles saibam que este amor não é abalado por nada. A segunda coisa é a estrutura. Os adolescentes precisam de regras e de limites, não para aprender, mas para se estruturar. Seja firme, mas justo, sem imposição, muitas vezes desproporcional para a idade, mostrando mais que não tem confiança nela/nele, do que fazendo limite pela idade e maturidade. Relaxe os limites passo a passo, à medida que demonstram mais maturidade. Se não conseguem lidar com as liberdades, puxe o freio e tente novamente após um tempo, num contrato de mês a mês, argumentando.

8. Eduque para a Independência

Considere que as manifestações para a autonomia são intensas nessa fase e são legítimas e úteis.

Considere que busca da autonomia não é desobediência, desrespeito nem rebelião.

Considere que busca da autonomia não é rebelião.

Dê o espaço psicológico suficiente para ele/ela se tornar seguro nessa idade.

Também poderá haver chantagem emocional. É importante a argumentação e "subir na mesa" para convencer ou ser convencido.

9. Explique com Minúcias as suas Convicções

Saiba que seus filhos terão que fazer opções a partir dessa fase. Explique e reexplique suas próprias convicções com minúcias.

Explique suas convicções religiosas, políticas, profissionais, éticas e morais.

Explique e argumente, fazendo contratos válidos para os dois.

10. Construa Contratos Válidos

Os pais amam os filhos e gostariam que esses também os amassem. E como Freud nos ensinou, já amaram de forma ideal em idades próprias para isso. Esse amor não acaba no cérebro/mente[31], podendo criar vários conflitos quando reprimidos com culpa/raiva.

Na fase da puberdade e na fase da adolescência o amor/sexualidade desabrocha. Não peça para seu filho adolescente demonstrar o amor com obediência, com melhores notas na escola, com menor rebeldia, desistindo de amigos, desistindo de festas e outras convocações que partem de seu grupo social.

Construa contratos que servem para um dia, para uma semana, para um ano. Contratos com concessões mútuas e que possam significar ganho para os dois lados, sem que haja um grande perdedor.

Saiba que seu filho está explodindo para a vida com hormônios e emoções novas.

Os contratos não visam a anular essas realidades da vida, nem disciplina-las. O contrato procura um "atalho", como no computador, para processar de forma mais rápida e inteligente essa fase complicada.

Roteiro para Adaptar as Dez Dicas para as Idades de seu Filho

Resiliência e Crianças Pré-escolares

Crianças muito pequenas, que só recentemente começaram a andar e falar, podem não ser capazes de expressar seus medos e ansiedades. Mesmo que você pense que elas são muito pequenas para entender o que está acontecendo, as crianças podem absorver eventos assustadores no ambiente ou ouvindo conversas.

Observe seu filho, se ele apresenta sinais de medo ou ansiedade, sem ser capaz de expressar em palavras. Seu filho se tornou muito apegado, precisando de mais colo e beijos do que geralmente requer? Seu filho recomeçou a molhar a cama ou a chupar o dedo depois que já ultrapassou esses comportamentos? Ele pode estar sentindo pressão do que está acontecendo no mundo ao redor dele.

Use brinquedos para ajudar a criança a expressar medos e encoraje-o para usar arte ou jogos simulados para expressar o que não consegue colocar em palavras. Use sua família como um cobertor de segurança para seus filhos: agasalhe-os na proximidade familiar e dê certeza de que eles tenham grande quantidade do tempo familiar.

Durante os tempos de estresse e mudanças, gaste mais tempo com seus filhos, fazendo jogos, lendo histórias, cantando ou simplesmente mantendo-os perto.

Crianças pequenas, especialmente, precisam de rotinas e rituais. Se a hora de dormir é a hora em que você lê histórias para seus filhos, tenha a certeza de que você mantém este tempo para isto.

Seu filho pode estar menos capaz para lidar com mudanças quando caminha por terrenos irregulares.

Resiliência e Crianças na Escola Elementar

As crianças, na escola elementar, podem começar a se chocar com as turmas (panelinhas) que se formam ou com os chatos, que podem incomodar quando as elas mesmas começam a estabelecer a "ordem social" na escola.

Quando começam a estudar assuntos sobre o mundo fora de suas casas, as crianças enxergam os professores como os pais, fazendo-as se sentir seguras e ajudando-as a separar e escolher.

Tenha certeza de que seu filho tem um lugar em que se sinta seguro, quer na escola, quer em casa (o ideal é que nos dois espaços sinta-se seguro). Fale com seus filhos.

Quando eles têm perguntas, responda com honestidade, de forma simples e com segurança, com afirmações, "preto-no-branco", sem deixar espaço para dúvidas, tal como: "eu sempre cuidarei de você". Não desvalorize e não tire importância dos medos que trazem para você.

Quando há uma situação fora de casa que é assustadora, limite a quantidade de notícias que seus filhos ouvem ou vêem. Você não precisa esconder de seus filhos o que está acontecendo no mundo, mas eles também não precisam estar expostos para histórias constantes e repetidas que preencham seus medos. Terão que viver neste mundo por mais que o temam ou o abominem.

Estresse extra pode aumentar o estresse diário. Seu filho pode enfrentar normalmente a falha numa prova escolar, outras chateações, mas entenda que pode responder com raiva ou mau comportamento a novas situações que antes não o abalavam.

Tranqüilize seu filho de que você só espera que ele faça o melhor que pode.

Resiliência para o Aluno do Ensino Fundamental

Mesmo com menores traumas, entre a 5ª e 8ª séries, quando são desafiados a cumprir programas acadêmicos extracurriculares, eles fogem de enfrentar novas dificuldades sociais. Sentem que colegas antigos e professores são como seus pais, que cuidam de sua segurança e não precisam enfrentar dificuldades.

Mantenha empatia e ajude seu filho a manter perspectivas. Quando seu filho se torna vítima nas mudanças sociais por alianças que se formam nessa fase da escola, ajude-o a entender que os outros também podem sentir-se confusos e isolados, e que as alianças que se fazem numa semana podem mudar totalmente na outra.

Acompanhe a linguagem de seu filho e não negue a importância que ele está dando para a situação. Precisa ter esperança no positivo e se isto acontece ele aprende a ter esperança em outras situações.

Fale com seu filho do estresse pelo qual você mesmo passou, como por exemplo, a morte de sua avó. Seu filho está em idade de poder configurar as áreas cinzas pelas quais os pais passaram, dando porém a entender que mesmo assim estão inteiros e podem garantir a total segurança para eles.

Se a família ainda não tem um plano para atender a emergências, construa um atual e partilhe com seu filho, e assim ele saberá que existem ações decisivas que ele poderá tomar numa emergência.

Convoque seus filhos para ajudar, seja numa opinião familiar, seja numa tarefa familiar. Inclua seu filho em qualquer atividade voluntária que você faz. Deixe claro para seus filhos que suas ações contribuem para o bem-estar de toda a família. Quando seus filhos sabem que além do *status* de filho, com todos os privilégios que isto lhes dá, eles também têm um *papel* em que podem ajudar, vão sentir-se mais no controle e terão maior *confiança.*

Resiliência para Adolescentes que Cursam o Ensino Médio

Mesmo que o seu filho adolescente esteja com uma cabeça mais alta que você, ele ainda é imaturo e pode sentir medo e incerteza pela fase que está passando, bem como estresse em resposta a eventos no mundo ao seu redor. Essas emoções são voláteis, mas podem repetir-se e parece que seu filho não é acessível.

Fale com seus adolescentes toda vez que *você* pode ou acha[49] mesmo parecendo que eles não estão nem ouvindo e não respondem. Quando o adolescente fizer perguntas, responda com honestidade tentando dar segurança, mesmo dizendo que você não sabe.

Existem assuntos privados dos pais, especialmente em sua vida sexual. Os pais podem sentir-se constrangidos com perguntas e desafios, mas também não devem responder para o adolescente dizendo que o assunto é de privacidade.

Faça do seu lar um lugar acolhedor para seu adolescente. No colégio, como na arena de seu mundo, tudo pode estar tumultuado. Sua casa deve servir como um porto seguro. O adolescente tem que fazer escolhas com mudanças contínuas, mesmo parecendo tudo de cabeça para baixo, tem que ver que sua casa é uma constante para ela/ele.

Seu adolescente pode preferir a casa de amigos do que a própria. Mas esteja preparado para recebê-lo sem se queixar com ele ou com amigos que sua casa parece um hotel, onde só vem para comer e dormir. Tenha sempre um período familiar disponível, por exemplo uma das refeições, para ele/ela ter opções. O lugar de encontro pode mudar se *você* quiser e o encontro com os amigos poderá ser em sua casa.

Muitos adolescentes podem passar por oscilações de humor que são transitórias e não persistentes por meses. Quando são persistentes podem estar precisando de ajuda médico-psicológica. Na maioria das vezes, são oscilações causadas pelos hormônios não estabilizados, que são responsáveis por suas crises de raiva, malcriações, choro (mais nas mulheres) e ameaças de todo tipo.

Considere que eles é que estão imaturos e não os pais. Os pais é que devem ajudar a construir, a cada vez, um fator resiliente novo e estável[108].

A JORNADA DA RESILIÊNCIA

A Associação Psicológica Americana (*www.apa.org*) mantém site especial para resiliência e para a Jornada da resiliência (*www.helping.apa.org*), onde você aprende que construir a própria resiliência é uma jornada pessoal mostrando como você pode desenvolvê-la e ajudando a guiar seu filho nessa jornada. A forma de como você, conhecendo seus filhos, promove a construção da resiliência pode não ser útil para outra pessoa com outra história de vida. Num bloqueio de seu filho, incapaz de aproveitar as dicas listadas, você pode considerar a possibilidade de ouvir outra pessoa, um psicólogo por exemplo, ou outro profissional da área de saúde mental.

Consultando alguém habilitado para ter ajuda psicológica ou psiquiátrica profissional você pode fortalecer a resiliência de seu filho e preservá-la para enfrentar novos traumas e estresse.

Pense nas coisas importantes que ficaram na mesma, mesmo quando o mundo lá fora esteja mudando. Quando você fala dos tempos ruins, considere que você está falando também de coisas boas.

OS DEZ MELHORES CAMINHOS PARA CONSTRUIR SUA RESILIÊNCIA

Considerando que "*Resiliência é o processo de se adaptar bem frente à adversidade ou frente ao estresse*" podemos fazer as dicas dos melhores caminhos propostos nos sites *www.apa.org* e *www.helping.apa.org*. É o que chamamos de melhores caminhos para construir sua própria resiliência. Fazemos dez sugestões seguindo *www.rockyview.ab.ca*.

1. Faça Conexões

Aceitando ajuda e suporte das pessoas que se interessam por você e lhe escutam, a resiliência se fortalece. A ajuda pode ser de psicólogo ou médico, através de terapia.

2. Evite Enxergar Crises como Problemas Insuperáveis

Você não pode mudar o fato que eventos muito estressantes aconteçam, mas você pode mudar como interpretá-los e como responder a esses eventos.

3. Aceite que Mudanças Fazem Parte da Vida

Aceitando circunstâncias que não podem ser mudadas, pode ajudá-lo a se concentrar sobre as que você poderá alterar.

4. Movimente-se para seus Alvos

Pergunte a si: "Existe alguma coisa que eu possa realizar para me ajudar no movimento para meus propósitos?" Pode ser fazer ginástica. Pode ser marcar aula particular para minha filha. Pode ser falar com meu chefe.

5. Tome Decisões Ativas

Aja, em lugar de se afastar completamente dos problemas, querendo que eles desapareçam.

6. Olhe para Oportunidades de se Auto-reencontrar

As pessoas podem aprender algo sobre si mesmo como resultado de suas lutas com perdas. Isso pode ajudá-las a lidar melhor com outras circunstâncias negativas.

7. Alimente uma Visão Positiva de Si Mesmo

Desenvolvendo confiança em sua habilidade para resolver problemas e valorizando seus instintos, irá ajudá-lo a construir a resiliência.

8. Mantenha as Coisas em Perspectiva

Evite exagerar os acontecimentos fora das devidas proporções. Experimente ver "o grande quadro" por trás e encontre o tamanho mais acertado do evento.

9. Mantenha um Olhar mais Esperançoso

Procure ver as coisas mais próximas do que você quer, em lugar de se preocupar com seus medos e receios.

10. Mantenha os Cuidados com Você

Mantendo os cuidados com você mesmo, irá ajudá-lo na autopreservação. Ocupe sua mente e seu corpo, preparando-os para lidar com situações que requerem resiliência.

10 Estresse – Trauma – Transtorno de Estresse Pós-traumático (TSPT)

NATUREZA DA ANSIEDADE

A vida é dinâmica. Desde antes do nascimento, na vida intra-uterina somos envolvidos por conjuntos de experiências que se renovam e se completam. Continuamente, precisamos assimilar, processar, armazenar e responder a essas experiências, mantendo-as em estabilidade e equilíbrio, para sobreviver em harmonia física e mental[93,103].

Desde o nascimento, o ser humano é colocado face a face com a enorme limitação de seus próprios poderes e o precoce reconhecimento de sua vulnerabilidade frente aos estímulos que vêm de dentro e do exterior – limitações e vulnerabilidades que não são expressão de patologia, mas inerentes à própria condição do homem. O reconhecimento destas limitações e vulnerabilidades são as fontes universais de ansiedade[3].

Consideramos, assim, que todos os seres humanos sofrem, desde o nascimento, de um certo grau de ansiedade, que poderia, pois, ser considerada "normal", mas que chamaremos de "inevitável".

O trauma físico, no processo do nascimento, já é fonte de ansiedade. O recém-nascido passa por uma constante carga de inevitável ansiedade, originada em suas próprias necessidades ou de origem externa e algumas vezes até iatrogênica. Desde a sensação de fome dolorosa até à expectativa de satisfazê-la, a criança sofre de ansiedade (*www.istss.org*).

Assim acontece com todos os impulsos instintivos que levam a uma constante dose de ansiedade na procura de uma satisfação ou adaptação inevitável durante o desenvolvimento do Ego da criança[121,143].

O fornecimento de alimentos com sabores novos ou consistência variável – sucos, sopas, comidas sólidas – precocemente fornecidas, também criam cargas de ansiedade.

Esta ansiedade inevitável, primitiva, que a criança sofre constantemente nos primeiros anos de vida, é capaz de prepará-la para melhor suportar a ansiedade comum que a vida lhe causará nos anos subseqüentes.

Assim, a ansiedade como patologia, é um *cotinuum* psicopatológico, somente uma questão de quantidade, não de qualidade. Há um determinado grau que, ao se tornar insuportável, passa a ser evidenciado por uma sintomatologia clínica, como se fosse um mecanismo de alarme chamado *stress*[145]. Este mecanismo de alarme aciona os mecanismos de defesa, a imunidade contra os sintomas.

Os mecanismos de defesa podem ser eficientes e os sintomas são debelados numa crise passageira. Se os mecanismos de defesa são ineficazes para aquele "estressor"[1], o quadro de ansiedade se torna crônico, estruturando o processo neurótico no desenvolvimento da criança, com defesas chamadas "neuróticas".

A resiliência, como imunidade inata ou adquirida, melhora a eficácia dos mecanismos de defesa também inatos e os riscos de defesas psicopatológicas não aparecem. A resiliência promovida também aumenta a eficácia dos mecanismos de defesa inatos, como os mecanismos de imunidade para muitas doenças físicas que a criança obtém com o leite do seio materno.

O estressor é de regra "estressor psicossocial". Estressor psicossocial, segundo o DSM-IV[38], em seu glossário, é qualquer acontecimento ou mudança de vida que possa estar temporariamente (e talvez casualmente) associado como início, ocorrência ou exacerbação de um transtorno mental.

Nos trabalhos de Selye[118], encontramos a explicação do fenômeno, através do mecanismo de estresse. Esses trabalhos trouxeram novo progresso ao conceito de síndrome de adaptação ou ajustamento emocional. O conjunto da via hipotálamo-hipófise-córtex cerebral no

Sistema Nervoso Central (SNC) e da glândula supra-renal tem papel preponderante nas respostas emocionais, em que há participação de todos os órgãos e tecidos do corpo humano, pela ação neuro-hormonal.

Em seu conjunto, o mecanismo de estresse tem três fases: a. reação de alarme; b. fase de resistência; c. fase de exaustão, com base no mecanismo neuro-endócrino. A integração neuro-endócrina resultaria de uma descarga supra-renal determinada pela hipófise. Os hormônios descarregados seriam consumidos pelos órgãos e tecidos e, com a baixa do nível de concentração destes hormônios, haveria a estimulação hipofisária que secretaria ACTH que, por sua vez, estimularia nova descarga dos hormônios da supra-renal quer os glicocorticóides, quer os minero-corticóides, com aumento da resposta tissular (orgãos e tecidos), incluindo o córtex (Fig. 10.1).

As investigações sobre os aspectos bioquímicos da ansiedade revelaram maiores esclarecimentos sobre as respostas somáticas da ansiedade. Além da epinefrina e norepinefrina, outros mediadores como a alfa e beta adrenalina e isuprel têm sido considerados mediadores químicos na ansiedade, pois experimentalmente são capazes de desencadeá-la[1].

CONCEITO DE CRISE E RESILIÊNCIA

É importante o conhecimento das crises e do estresse, pois, em conceito amplo, a criança com distúrbios emocionais ou a criança neurótica é aquela cujas respostas emocionais ao estresse e às crises de sua vida perturbam seu desenvolvimento e interferem nas relações ambientes necessárias para o progressivo crescimento.

Hipotálamo – Emoções

|

Hipófise – Hormônios

|

Supra-renal – Cortisol

|

Córtex Cerebral – Tecidos

Fig. 10.1 – *Mecanismo neuro-endócrino do estresse*

CRISE - ESTRESSE

O estresse, além de seu significado funcional, tem, em nossa cultura, um significado clínico como epidemia[145]. Traduz as condições internas e externas, ou ambas, que atuam sobre a criança, com força superior à sua capacidade de reagir com os mecanismos comuns; provoca ansiedade que ela não é capaz de evitar[68].

A experiência traumática de estresse pode ser temporária ou prolongada, fraca ou severa e, de acordo com o terreno do indivíduo[131], uma mesma experiência pode ser simples ou complexa, com maior ou menor repercussão.

Na criança, consideramos crise qualquer experiência traumática (estresse) que surja de maneira abrupta, ou que seja desproporcional, representando perigo iminente capaz de interferir na conduta[1]. A crise surge na criança em seu desenvolvimento individual, ou de forma psicossocial, em suas relações com o ambiente.

Uma crise é precipitada como uma reação a uma perda brusca ou privação da gratificação de uma necessidade, de uma ameaça dessa perda ou privação, ou num desafio do desenvolvimento[14].

Em cada caso, o estímulo precisa ter uma novidade, na qual há uma incapacidade temporária em perceber o contexto da situação, ante um curso esperado de eventos baseado na experiência passada.

O afastamento da mãe nos primeiros meses de vida é, para todas as crianças, uma crise. A introdução de alimentos sólidos, para algumas crianças, pode ser uma crise.

No desenvolvimento, praticamente todas as crianças passam por fases de crises e encontram meios próprios de adaptação para enfrentar a crise ou o estresse[136]. Chamamos a estas fases de "crises fisiológicas" e o importante é que nelas as atitudes ambientais não aumentem as cargas traumáticas.

Todas as transições no desenvolvimento podem ser consideradas crise. Quando a criança chega, no desenvolvimento, numa fase em que uma nova necessidade ou capacidade pode ser expressa, o ambiente deve permitir a expressão desta necessidade ou capacidade. Assim, consideramos duas fontes de ansiedade: 1. uma ansiedade inevitável, decorrente da crise do desenvolvimento; 2. psicossocial, decorrente de atitudes erradas ambientais, quando uma nova fase é testada pela criança.

Lindemann[84] criou o conceito de "acidente emocional", referindo-se a qualquer alteração abrupta no campo das forças sociais, dentro do qual vive o indivíduo, capaz de alterar suas expectativas para consigo e suas relações com os demais.

As pesquisas focalizam os diversos aspectos da comunidade como ambiente emocional de importância, especialmente a família[68].

Como exemplo, teríamos:

a. a perda de uma relação importante (mãe);
b. a introdução de um novo membro na órbita social (irmão);
c. a transição para uma nova fase de desenvolvimento e as relações conseqüentes (adolescência).

Consideramos crise um distúrbio agudo e, via de regra, prolongado, que possa ocorrer na órbita individual ou social, como resultado de um acidente emocional[54].

De acordo com Hagerty e cols.[68], o indivíduo se mantém em equilíbrio relativo com seu ambiente por meio de trocas complexas de relacionamentos, através das quais procura satisfazer suas necessidades emocionais. Há ocasiões em que este equilíbrio se rompe e, quando o indivíduo não é capaz de restaurá-lo, desencadeia-se a crise.

A crise se caracteriza por um aumento de tensão interna, emoções de sofrimento e distúrbios na conduta. O fator mais importante na eclosão destas crises na infância é a atitude dos familiares. A influência dos pais, em diferentes graus, pode repercutir, quer no desenvolvimento sadio da criança, quer em distúrbios de sua personalidade.

A intervenção na crise deve ser imediata e de forma completa, isto é, em toda a situação social. À medida que a crise perdura, as conseqüências se tornam mais graves e a solução, mais difícil.

TRAUMA

Trauma psíquico, segundo Freud, é uma ruptura no escudo protetor frente aos estímulos. É caracterizado pela sensação de total impotência e dasamparo. O escudo protetor e o trauma para as crianças passaram a ser avaliados a partir da década de 1950.

Em 1950, Bergman e Escalona[10] classificaram o escudo protetor contra os estímulos em: escudo fino, escudo médio e escudo espesso ou forte. A primeira escala para estudar crianças traumatizadas foi criada nessa década através de uma avaliação dos pais dessas crianças.

Na década de 1960, as publicações sobre os sobreviventes de Hiroshima, que na época da explosão da bomba eram crianças, descreveram os sintomas encontrados: embotamento psíquico, culpa de sobreviventes e "sensação de invencibilidade"[136]. Ao holocausto europeu foi dada especial atenção em várias publicações sobre sobreviventes, pelos efeitos da cronicidade dos traumas nas crianças[100,144] e pelo acompanhamento clínico dos fracassos na vida por neuroses, especialmente as "neuroses de guerra".

Na década de 1970 realizaram-se novos estudos importantes focalizando a própria criança que passou por traumas. Em 1979, Newman[99], através de técnicas projetivas, estuda 11 crianças que se salvaram da ruptura e da inundação da represa *Buffalo Creeck* com grupo-controle, encontrando achados importantes.

As crianças traumatizadas apresentavam distorções do sentido da realidade, um aumento da vulnerabilidade, alteração do sentido do próprio poder e sensações de fragmentação. Acompanhadas por avaliação prospectiva durante anos, apresentaram morte prematura comparado com o grupo-controle.

A partir dos anos 1980, os trabalhos de Terr[131,132] são os precursores sobre o TSPT em crianças, tal como estava sendo descrito em adultos, veteranos da guerra do Vietnã[111]. Os sinais e sintomas do trauma infantil se revelam, de um a seis meses, como Transtorno de Estresse Pós-traumático, mas podem aparecer meses ou anos depois como aconteceu com os filhos dos veteranos de Vietnã[111].

Evolução do Trauma

A evolução do trauma pode ser aguda com várias perturbações:

1. distúrbios cognitivos e perceptuais;
2. colapso no desenvolvimento;
3. compulsão de repetição;
4. contágio.

Estas pertubações de regra são passageiras. A evolução pode também ser crônica.

O trauma aparece em qualquer idade e a sintomatologia pode aparecer meses ou anos depois, incluindo comportamentos regressivos ou agressivos, medos, isolamento, distúrbios no sono, na escolaridade e somatização. Em 50% dos casos, as crianças se recuperam nos primeiros três meses e os outros, crônicos, evoluem para TPTS ou para neuroses que perduram para a vida[3].

O contágio dos sintomas se dá como o de uma doença infecciosa[104], por uma aproximação com outros afetados. Pode ser contagioso por pais e irmãos que não foram expostos ao evento traumático; por influências sociais, culturais e da comunidade; ou por exposição à mídia que repete as cenas de horror.

O trauma, segundo Terr[132], pode ser do tipo I e do tipo II. No trauma tipo I há um evento único, não antecipado. Nesse caso, a criança relembra detalhes da situação, com erros perceptivos e distorções cognitivas, que podem tornar-se a base para mudanças na personalidade com dificuldades nas relações interpessoais e na conduta.

No trauma tipo II, as respostas são frente a um estressor crônico, podendo haver medo ou ausência de sentimentos para o trauma inicial. Inclui estratégias de defesa como a negação, repressão, "auto-anestesia", "auto-hipnose", dissociação, identificação com o agressor e conduta autodestrutiva. Estes fatores alteram o funcionamento e o desenvolvimento da personalidade.

Podemos ter ainda traumas complexos nos quais os eventos crônicos são múltiplos, simultâneos ou em seqüência.

ANSIEDADE E RESILIÊNCIA

Resiliência é a habilidade de a criança: 1. superar e resistir ao poder de atração dos piores efeitos das desgraças, do ambiente patológico, da situação desfavorável, da influência prejudicial; e/ou 2. superar e resistir às vulnerabilidades internas, como doenças crônicas, susceptibilidades incomuns ou padrões não usuais de labilidade autonômica reativa[2].

A criança é capaz de sair imune de todo tipo acidente emocional, de agressão emocional e da adversidade em geral, quando a expectativa é submergir em problemas e sintomas. Os maiores estressores são enfrentados e a criança é capaz de ter sucesso em várias áreas de seu desenvolvimento.

A criança resiliente pode apresentar níveis diferentes de sucesso em diversos domínios. Em algumas áreas – emocional, cognitiva, acadêmica ou social – elas podem vencer de forma admirável. Algumas vezes, as crianças podem permanecer vulneráveis sentindo-se desconfortáveis e aflitas, mas os sintomas são encobertos ou mascarados, por exemplo, por uma competência acadêmica.

Evolução da Ansiedade

A ansiedade pode estar presente em todos os DEC (distúrbios evolutivos de conduta)[65]. Nos distúrbios da conduta de sono, alimentação, motricidade, linguagem, escolaridade, sexualidade, ciúmes entre irmãos, podemos encontrar ansiedade que precisa ser tratada, sob risco de evoluir para ansiedade crônica.

A partir de qualquer crise, pode surgir a ansiedade patológica em forma de ataque agudo, ou em forma crônica, com ataques recorren-

Distúrbios evolutivos de conduta

|

Estado de ansiedade

|

Neurose de defesa

Fig. 10.2 – *Evolução da Ansiedade.*

tes agudos. Instalada a ansiedade em qualquer destas formas, ela é considerada verdadeira neurose infantil, pois agora a personalidade estrutura nova maneira de defesa no seu ajustamento – o ajustamento neurótico. Em esquema, teremos a Fig. 10.2.

No sentido evolutivo, é após a fase da latência, na idade pré-puberal ou na adolescência, que surgem os estados de ansiedade e se estruturam os quadros neuróticos, especialmente quando a criança apresenta sinais e sintomas do Transtorno de Estresse Pós-traumático, especialmente reconhecidos em seus jogos[131].

Em sua descrição clássica dos estados de ansiedade, Lindemann[84] achou que a maioria dos casos realmente incide na adolescência. Mas alguns autores dão importância a quadros muito precoces de ansiedade, como Ainsworth[2], que coloca a etiologia de alguns distúrbios do sono como quadro de ansiedade – ansiedade de separação, que pode surgir aos 8 meses de idade e, com mais freqüência, em torno de 3 anos. Murphy[97] também dá importância a este quadro de ansiedade, ligando-o, senão à rejeição, pelo menos a um abandono sentido pela criança.

TRANSTORNO DE ESTRESSE PÓS-TRAUMÁTICO

As respostas mais comuns das crianças para trauma relatadas na literatura são de medos específicos[132], dificuldades na separação e sintomas de Estresse Pós-traumático (reexperiência, agitação, evitação e fuga). Em crianças pequenas, sintomas de Distúrbio Pós-traumático de Estresse como medos específicos são muito mais comuns do que o diagnóstico de Transtorno de Estresse Pós-traumático. Na classificação Internacional (F43.1 da CID-10), mais grave[104] e que acontece com crianças maiores, pré-púberes e adolescentes.

Estudos foram feitos em crianças e seu acompanhamento após o estresse do terremoto no México; o estresse em crianças após a bomba da cidade de Oklahoma[104]; após tornados e furacões, com vítimas de crianças e seus familiares[67].

Alguns autores publicaram sobre a sintomatologia de crianças e adolescentes após incêndio, outros sobre Transtornos de Estresse Pós-traumático como conseqüência de estarem expostos à violência familiar e à violência nas escolas (*www.trauma-pages.com/index/phtml*).

O transtorno abala a totalidade do indivíduo: seu funcionamento fisiológico, emocional, psicológico e, em crianças, tende a interferir em todas as áreas da personalidade pelas características do desenvolvimento com vulnerabilidade a fatores externos[93].

Os critérios diagnósticos são enumerados na classificação americana, DSM-IV[38] em 309.81 na forma apresentada a seguir:

A. Exposição a um evento traumático no qual os seguintes quesitos estiveram presentes:

1. a pessoa vivenciou, testemunhou ou foi confrontada com um ou mais eventos que envolveram morte ou grave ferimento, reais ou ameaçados, ou uma ameaça à integridade física, própria ou de outros;
2. a resposta da pessoa envolveu intenso medo, impotência ou horror.
   Nota: em crianças pequenas, isto pode ser expressado por um comportamento desorganizado ou agitado.

B. O evento traumático é persistentemente revivido em uma (ou mais) das seguintes maneiras:

1. recordações aflitivas, recorrentes e intrusivas do evento, incluindo imagens, pensamentos ou percepções;
   Nota: em crianças pequenas, podem ocorrer jogos repetitivos, com expressão de temas ou aspectos do trauma.
2. sonhos aflitivos e recorrentes com o evento;
   Nota: em crianças pequenas podem ocorrer sonhos amedrontadores sem conteúdo identificável.
3. agir ou sentir como se o evento estivesse ocorrendo novamente (*flashbacks*, reexperiência, ilusões ou alucinações);
   Nota: em crianças pequenas pode ocorrer reencenação específica do trauma.
4. sofrimento psicológico intenso quando da exposição a indícios externos ou internos que lembram ou simbolizam algum aspecto do evento traumático.
   Nota: crianças pequenas podem pedir ajuda, presença e cuidados dos pais ou adultos em horas imprevistas.

C. esquiva e fuga persistente de estímulos associados com o trauma e entorpecimento na responsividade geral, e que não estava presente antes do trauma.

D. sintomas persistentes de excitabilidade aumentada (não presentes antes do trauma) indicados por distúrbios do sono, irritabilidade com surtos de raiva e sobressaltos.

E. a duração da perturbação (sintomas dos critérios B, C e D) é superior a um mês.

Além dos sintomas do Transtorno de Estresse Pós-traumático, uma variedade de sintomas e reações são comumente exibidas pelas crianças, após um trauma, incluindo comportamento regressivo, ansiedade e medos, respostas somáticas, depressão e isolamento[54,104].

A regressão é a sintomatologia mais notada das respostas. Crianças voltam a apresentar "acidentes" de enurese e encoprese, crianças voltam a pedir ajuda em tarefas já dominadas anteriormente, como nos hábitos de higiene e limpeza, vestir roupa e até colocar comida na boca. Em alguns casos, após desastres, as crianças mostraram regressão na linguagem anteriormente adquirida. Nos escolares, aparece falta de atenção e devaneio nas aulas são comuns.

Intervenção Terapêutica

Geralmente consideramos três fases na intervenção[1]:

1. fase de impacto, imediata pós-desastre;
2. fase de adaptação, geralmente com duração de uma a três meses pós-desastre;
3. fase de adaptação a longo termo, entre três meses pós-desastre e dois anos, ou necessidades individuais de acordo com o desenvolvimento pré-mórbido e os relacionamentos familiares.

A intervenção na primeira fase é de reassegurar a criança de que o evento traumatizante não irá repetir-se e se sentir em segurança. Na segunda fase, pode haver o envolvimento da família na intervenção e orientação para a escola. Na terceira fase, a criança deve fazer psicoterapia individual ou de grupo. A técnica mais comum é de ludoterapia[62].

Com os sintomas de depressão e de ansiedade fóbica podemos fazer terapia cognitivo-comportamental. Raramente é necessário o uso de medicamentos. Nos casos necessários, a eficácia maior é da sertralina, um antidepressivo, inibidor seletivo da recaptura da serotonina (IRSR), e seu uso mais comum é na dose de 25 a 50 mg, em conjunto com a intervenção psicológica.

ESTRESSE E RESILIÊNCIA

A vida contemporânea tem sido descrita como estressante. As crianças falam sobre estresse e que estão estressadas. Os trabalhadores estão sentindo-se estressados e, por isso, perdem o emprego. O reverso também: quem perde o emprego também se diz estressado, parece uma epidemia da modernidade. Mas o que causa todo o estresse? A vida, o brincar, o estudar e o trabalhar se tornaram mais duros e difíceis de enfrentar do que no passado?

Alguns autores duvidam que isso seja verdade e que a vida não se tornou mais estressante do que antes. Nós é que estamos mais frágeis. Tendemos a nos ver como criaturas que precisam de ajuda. Somos encorajados a ver problemas pequenos como crises em potencial e subestimamos nossa habilidade de enfrentar e lutar, se não há alguma ajuda, na maioria das vezes governamental e oficial[145].

Segundo Wainwright e Calaln, em 2002, há uma epidemia de estresse porque estamos enfrentando maiores exigências psicológicas, nas responsabilidades, nas tarefas habituais, no emprego. A ameaça em falhar é maior. A vida está mais fácil do que para as gerações anteriores, mas as ameaças são maiores. As ameaças pela violência cresceram mais causando maior insegurança e as pequenas modificações da rotina comum trazem desconforto desproporcional. Telefone desligado, falta de energia elétrica, por exemplo, passaram a ser causa de estresse.

O estresse nem sempre é prejudicial, porque sempre significa um desafio e precisamos encontrar objetivos na vida. Enfrentando o estresse, na maioria das vezes, não há conseqüências importantes. Grave é ser submergido por estresse não suportável e desenvolver sintomas, para depois evoluir para o Transtorno Pós-traumático de Estresse.

11

Incentivando o Esporte como Escudo Protetor

O esporte para as crianças, desde o começo da idade de socialização até a juventude, é um escudo protetor contra traumas e estressores. Seu uso é para reforçar a resiliência e treinar para manter ânimo[6].

O esporte oferece enormes oportunidades da convivência entre adultos e crianças, facilitando a presença dos pais junto com os filhos desde a idade pré-escolar até a adolescência[36]. Não se resume somente a desenvolver habilidades físicas e a ensinar estratégias, mas também a desenvolver habilidades psicológicas e competência para enfrentar riscos e desenvolver fatores estratégicos de proteção, utilizados no decorrer da vida e, por isso, considerado como escudo protetor.

Precisamos expandir nosso conhecimento e experiência nesse estimulante território relativamente inexplorado[134]. Para entender melhor o espírito do esporte e sua finalidade a AACAP[1] faz críticas e aconselha os pais para a importância do esporte na vida de seus filhos.

Os pais precisam enxergar também a importância do esporte como promotor social de resiliência, pelos fatores de proteção que desenvolve – fato que é secular sem, todavia, ser considerado como tal[6]. O esporte proporciona exercício físico, mas também proporciona oportunidades para fazer amigos. É divertido, ensina a participar em grupos, traz alegria e melhora a auto-estima.

A cultura atual esportiva se tornou gradualmente um negócio para *fazer dinheiro*[1]. O *ganhar a todo custo*, altamente competitivo e estressante, é a atitude predominante no esporte amador e profissional. Isso ameaça o mundo infantil do esporte e do atletismo, tornando-o poluído, criando um ambiente insalubre, em lugar de ser o espaço ambiental adequado para desenvolver os fatores de resiliência, importantes para o bem-estar e a qualidade de vida do ser humano.

Compete aos pais, aos professores, aos treinadores, aos técnicos, aos esportistas, aos atletas, corrigir estas distorções na finalidade do esporte, livrando-o dos poluentes, assim como de outros poluentes da civilização atual – como a violência, a degradação do solo, o aquecimento da atmosfera, a poluição das águas. A educação pelo esporte poderá fazê-lo com as novas gerações. É importante reconhecer que aquilo que as crianças aprendem com o esporte levarão para a vida adulta, paralelamente ao aprendizado escolar.

Os pais devem envolver-se num papel ativo para ajudar seu filho a desenvolver-se em um bom desportista.

Para auxiliar seu filho a aproveitar o máximo no esporte, os pais precisam estar ativamente envolvidos. Isto inclui:

1. providenciar suporte emocional com retorno (*feedback*) positivo;
2. estar presente em alguns jogos e posteriormente conversar sobre os resultados;
3. aprender o esporte dando suporte para o envolvimento de seu filho;
4. manter expectativas realistas sobre seu filho;
5. ajudar seu filho a manter conversas sobre os treinos, sobre o técnico, sobre os companheiros e sobre oponentes;
6. ajudar seu filho a lidar com desapontamentos e derrotas;
7. modelar o comportamento de seu filho como espectador, respeitando os que ganham e os que perdem após o calor das disputas;
8. ensinar seu filho que sucesso não é o mesmo que vencer e que falhar não é o mesmo que ser perdedor;
9. técnicos e juízes nem sempre são justos, mas também nem sempre são injustos. É importante conversar com outros pais conhecidos ou adultos que são experientes e que também têm filhos, antes de desistir;
10. as lições aprendidas pelas crianças durante o esporte irão modelar os valores e os comportamentos para a vida adulta.

Os fatores protetores gerais, já mencionados, capazes de funcionar como escudo protetor para as crianças submetidas a trauma e estresse são os externos, sociais, familiares e individuais. Externos: fortes suportes sociais fora de casa, proporcionados por uma pessoa ou uma instituição. Familiares: coesão familiar e um bom relacionamento com um adulto na família. Individuais estão no perfil da criança resiliente: auto-estima, autocontrole, QI elevado, competência pessoal, boas habilidades sociais e boa habilidade para solucionar problemas.

Segundo Bell e Sugs[6] os técnicos, treinando com crianças, podem promover fatores protetores através do esporte. Desde as emoções simples que podem ser manipuladas e acertadas – como medo, raiva, inveja ou malícia – até o aprendizado de características que funcionam como fatores protetores: entender e aceitar o essencial da liderança, automotivação para competição, automotivação para vencer, autocontrole nas falhas, habilidades para decisões nas dúvidas, e comunicação.

No planejamento esportivo podemos considerar como fatores protetores básicos: auto-estima, autoconfiança, expectativa positiva, sentimento de independência, coragem e garra.

TODOS OS ESPORTES

Todos os esportes são válidos na educação das crianças e dos adolescentes. Nos EUA, são 7 milhões de crianças entre 5 e 17 anos de idade que participam nos programas escolares de atletismo; outros 22 milhões entre 5 e 17 anos são envolvidos em algum programa de esportes organizado em associações, federações e confederações. Outros 14 milhões estão envolvidos em esportes menos estruturados como esportes de vizinhança, clubes e praças de esporte públicas[134].

Na atualidade, praticamente todas as crianças, durante certo tempo em seu desenvolvimento, têm experiência com esporte organizado[125].

Este fato tem-se repetido em todas as culturas desenvolvidas neste século XXI.

Temos crianças e adolescentes aficionados em natação, futebol, ginástica olímpica, ginástica aeróbica e diferentes lutas, todos como praticantes e como público torcedor.

Os esportes mais difundidos são os mais reconhecidos como capazes de desenvolver o escudo protetor, porque podem ser iniciados precocemente e mantidos por longos anos na vida ou até à velhice.

A natação pode ser iniciada muito precocemente e com bons professores e treinadores, podendo levar a todos os tipos de competição: individual, em grupo, em todas as formas técnicas, todas as distâncias; em saltos, em mergulhos, em jogos como polo aquático, vôlei aquático, remo, surf, vela.

O futebol é um dos esportes que mais precocemente pode-se iniciar. Meninos e meninas mal começam a andar e já gostam de chutar uma bola gritando "gol"!

Beisebol, tradição em vários países, também se inicia desde cedo quando meninos e meninas sentem prazer em fazer pontaria com o taco ou usar a luva para agarrar.

Todos os esportes onde há competição na Olimpíada Internacional e na Olimpíada Especial para Deficientes Mentais e para Deficientes Físicos são reproduzidos em todas as regiões do mundo por Ligas, Clubes, Associações, Federações e Confederações.

Treinar ginástica olímpica com crianças pequenas pode ser aproveitado para os esportes olímpicos, à medida que as meninas e os meninos crescem.

As lutas marciais orientais estão difundidas também no Ocidente e são praticadas tanto por meninos quanto por meninas. Temos o Kung Fu, o Tae Kwon Do, o Judô, o Aikido, o Jiu-Jitsu e muitos outros, que se utilizam de técnicas clássicas do Japão, da China, da Coréia, difundidas com sua regras fundamentadas na filosofia oriental de não atacar com suas habilidades, mas se defender de contra-ataques.

Cabe ressaltar a contribuição brasileira ao Jiu-Jitsu, com a publicação do livro de sucesso dos irmãos Gracie – Brazilian Jiu-Jitsu[53]. O pai dos irmãos, Carlos Gracie, introduziu no Brasil o programa do Jiu-Jitsu com pais e filhos em conjunto, que foi inovação na técnica com proveito das famílias.

As lutas Greco-romanas, a esgrima, os duelos com bastões e as artes marciais orientais adaptadas da época anterior às armas de fogo são adotadas na atualidade com as mesmas regras seculares. Podem ser de defesa e de ataque.

Frente às críticas para a adoção desses esportes nas escolas primárias ou para os dois sexos, podemos treinar crianças em programas de exercícios aeróbicos.

O treino aeróbico tem efeitos sobre a autopercepção, a criatividade e o *poder aeróbico*[36,37].

O *poder aeróbico* se refere à habilidade de o corpo usar oxigênio durante o exercício físico. Antes da puberdade, o poder aeróbico da criança aumenta linearmente com a idade, aproximadamente 225 mL/min a cada seis meses após os 6 anos de idade. Além do poder aeróbico, encontramos diferenças nos sexos no Volume de Oxigênio (VO_2máx).

O volume máximo de oxigênio nos homens aumenta até os 18 anos de idade, e nas mulheres o platô é atingido aos 12 anos.

A criatividade consiste no crescimento de novas idéias em como aumentar o poder aeróbico. A criança e o adolescente podem desenvolver em si mesmo a habilidade de aumentar seu poder aeróbico, sem competir para isso com os outros. Um técnico ou professor supervisiona esse crescimento, que pode ser alcançado com ginástica aeróbica, de regra com música ou quaisquer outros tipos de treinamento físico também com música.

Todos os esportes em seus níveis de participação são importantes para o desenvolvimento do bem-estar das crianças e dos adolescentes[36]. Podem ser planejados para desenvolver o escudo protetor, tendo ou não talento inato para esporte. O planejamento, portanto, tem como alvo corresponder ao desenvolvimento, a diferentes necessidades, a ambições diferenciadas e aos objetivos centralizados na criança, especialmente no esporte não estruturado.

É imperativo que, nós como sociedade, tenhamos a visão em desenvolver a auto-estima da juventude baseada em saúde emocional e física, que permite enfrentar os desafios da vida adulta[96]. Competição e estresse precisam ser enfrentados, porque estão integrados na vida contemporânea. No entanto, com a visão em desenvolver os fatores protetores inerentes ao esporte e criar um escudo protetor — a exposição das crianças a treinamentos excessivos para poder ganhar competições, torneios ou olimpíadas não deve ultrapassar o prazer que a criança sente e a alegria em realizar o esporte.

Segundo Tofler e col.[135], o esporte pode ser comparado com a própria vida, no dia-a-dia, no que se refere: ao significado, à competição, a eventos, a oponentes, a regras, a sucesso e à ação. Podemos fazer a comparação com os fatores protetores do esporte frente aos eventos da própria vida (Tabela 11.1).

MENS SANA IN CORPORE SANO

O aforismo grego de *mens sana in corpore sano* que, por séculos, foi aceito e tentou ser revertido a partir do século XX, dando maior importância à mente no mundo da psicologia, continua a ser importante agora com a focalização na resiliência até há poucos anos desconhecida.

Tabela 11.1
Comparação Escudo Protetor com Esporte e a Vida de Cada Dia

Vida de Cada Dia	*Esporte: Fonte*
Vida: engloba mais do que simples jogos e suas fronteiras periódicas são marcadas e naturais, por exemplo: nascimento e morte, sono e vigília	*Esporte*: as fronteiras periódicas são marcadas artificialmente, habilitando a enfrentar as fronteiras naturais
Competição é incidental na vida de cada dia e de regra evitada	*Competição* é parte da experiência esportiva e sempre admitida e entendida quando acontece na vida
Significado na vida é complexo e essencialmente ambíguo	*Significado* no esporte é simples e intencionalmente claro em suas regras procurando simplificar a complexidade da vida
Resultado na vida é emergente, aberto a discussões abertas e só sobrepujado pela morte	*Resultado* no esporte é explícito e predefinido em suas regras, podendo ser sobrepujado pelo esforço
Eventos ocorrem numa série contínua, baseados no passado e se projetando para o futuro	*Eventos* são marcados de forma distinta e delimitada em tempo e espaço e bem definidos no tempo e espaço. Poderá, com isso, delimitar os eventos da vida em blocos distintos para tentar resolvê-los
Avaliação geralmente é subjetiva e os efeitos com freqüência difíceis de definir e compreender. Difícil também de reconhecer se há ganhos ou perdas	*Avaliação* é baseada em contagem de pontos ou de fases, fáceis de definir e reconhecer se está ganhando ou perdendo, aprendendo a se esforçar mais para reagir
Os adversários podem ser desconhecidos, ou confrontados somente de forma indireta. Seus objetivos e o progresso para atingir esses objetivos podem ser indeterminados ou propositadamente escondidos	*Os adversários* são conhecidos e diretamente enfrentados. Seus objetivos são claros e a estratégia para alcançar os objetivos é compreendida, podendo ser usada posteriormente na vida

Continua

Tabela 11.1 (cont.)
Comparação Escudo Protetor com Esporte e a Vida de Cada Dia

Vida de Cada Dia	*Esporte: Fonte*
Regras são comumente ambíguas e podem não se basear em consenso; para cumprir as regras pode depender de autocontrole, e os agentes formais de controle, por sua vez, não são capazes de fazer observação direta	*Regras* são claras e formalmente combinadas e o cumprimento das regras são controlados por agentes formais que são capazes de observar as "faltas" que são cometidas, podendo treinar para não cometer as mesmas faltas contra as regras
Sucesso depende, primariamente, de relacionamentos interpessoais duradouros; não está relacionado aos sucessos físicos	*Sucesso* depende primeiro das habilidades físicas; somente um fugaz relacionamento interpessoal que pode facilitar a sustentação de relacionamentos interpessoais mais duradouros
Individualmente não se procura competição, tenta-se evitar ou eliminar a influência da competição	*Individualmente* procura competição para testar sua habilidades
Organização de eventos não é feita. Pode ser imprevista e precisa ser enfrentada em diferentes condições com vantagens e desvantagens	*Organização* não é imprevista e pode ser enfrentada em condições padronizadas. Todos começam nas mesmas condições e no mesmo ponto de início nas competições, facilitando sua adaptação a diferentes padronizações
Ação envolve escolhas éticas concernentes com temas da atualidade cultural e com implicações invasivas no desenvolvimento posterior	*Ação* envolve escolhas éticas concernentes com temas imediatos e que podem não ter repercussão posterior no desenvolvimento, fazendo perceber a diferença entre o transitório e o duradouro

Os gregos só mediam como *mens sana* os que resistiam à adversidade. Não reconheciam os conflitos neuróticos e, durante séculos antes do aforismo, perceberam que o esporte e a atividade atlética eram o melhor escudo protetor para resistir, treinando suas gerações para o *corpore sano*.

Antes da cultura grega, a cultura oriental já desenvolvia artes esportivas e artes marciais que persistiram pelos séculos e foram difundidas no mundo atual com as mesmas características e agora são consideradas como importantes sendo incluídas nas Olimpíadas.

Nenhum greco-romano se tornou atleta quando adulto, nenhum chinês se desenvolveu no *Qigong*, ou japonês no *Judô* quando adultos. Todos começaram quando crianças, num sistema organizado, onde as mulheres quando crianças também eram treinadas para danças e ginásticas, com o mesmo rigor que os homens para o atletismo.

Na infância e na adolescência, o esporte é a mais predominante e organizada atividade extracurricular[6]. Podemos ter as crianças em programas esportivos na escola, envolvê-las em projetos esportivos organizados ou participando em esportes menos estruturados como ginástica ou esportes de fim de semana. Crianças e adolescentes devem ser vistos como praticantes de esporte e não como atletas.

Apesar de fazerem competições, as crianças, para desenvolverem fatores de proteção no esporte, não precisam ser campeões e nem treinados só para isso. O prazer em realizar esportes é que precisa ser estimulado. Esse prazer resulta em fatores protetores e desenvolve a garra (*ânimo*), essencial nas crianças, de forma precoce, que são capazes, por sua vez, de adquirir as características das crianças resilientes.

Ânimo (garra) pode ser definido como a característica que causa na pessoa a firmeza em suas convicções. Através dela as crianças adquirem: competência cognitiva, experiências de auto-eficácia, autoconfiança resultando em auto-estima positiva, atividade favorável e relacionamentos positivos.

Podemos ressaltar que as crianças, no esporte, de acordo com Bell e Suggs[6], adquirem os seguintes fatores que contribuem para a resiliência:

1. iniciativa;
2. habilidade para conquistar e aproveitar a ajuda dos adultos;
3. curiosidade procurando satisfazê-la;
4. sentir dó dos outros, mas participante com objetividade;
5. habilidade para conceituar;
6. convicção do direito de cada um sobreviver;
7. habilidade de relembrar e de evocar imagens boas de suporte, adultos ou companheiros;
8. gabilidade de lidar com uma variedade de afetos, sem negar ou suprimir afetos maiores quando afloram;
9. a meta de viver por algo, a visão da possibilidade e do desejo de recuperação e a necessidade e habilidade em ajudar os outros;

10. um repertório afetivo;

11. altruísmo para com os outros.

A única maneira de uma pessoa saber que é corajosa, e não covarde, é sentir que tem ânimo e garra. É reconhecer que tem determinação, firmeza, perseverança, persistência, vigor, tenacidade e convicção que pode ser testada. Esta pessoa terá autoconfiança, baseada no reconhecimento que ele ou ela tem poder interno.

A garra e o ânimo podem ser inoculados, cultivados e fortificados[6] pelo incentivo dos esporte desde que a criança é pequena. Alguns adultos zombam dos esportes, valorizam somente a aquisição de conhecimentos pelo estudo intenso e não participam do cultivo da garra, nem nos filhos nem neles mesmo. Segundo Bell e Suggs[6] precisam aprender que o esporte cria um escudo protetor que auxilia na exposição a influências negativas no decorrer da vida.

Desenvolver o ânimo é um processo gradual que envolve a prática e o treino da habilidade em contínuas, pequenas, previsíveis e controladas experiências. O espírito de luta é importante e vital nos desafios que a vida apresenta. O que acontece com cada um é importante na vida, entretanto o modo como lidamos com a adversidade e como a enfrentamos é o que nos define.

Perseguição, preconceito, exclusão por racismo ou religião, familiares alcoólatras ou dependentes de outras drogas, pais doentes mentais e experiências quase mortais necessitam de garra e coragem para desenvolver resiliência nos filhos. Essas e outras experiências na vida forçam o indivíduo a desenvolver garra para persistir na vida, e muitas vezes até para sobreviver.

O uso de esportes para treinar a garra tem sido por longo tempo a estratégia consciente nas artes marciais tão difundidas atualmente. O treino das artes marciais modernas de *Budo* é inspirada nos treinos dos guerreiros clássicos de *Bujutsu* e são recomendadas, como suporte, para a juventude pelo governo do Japão. Desenvolvem segundo o programa, auto confiança, garra e ânimo quando há desafios pela frente.

TRAUMA, ESTRESSE E ESPORTE

O esporte começa com a civilização e a civilização começa com o esporte... e o estresse também.

Crianças expostas à adversidade como violência, miséria, abusos e estresse traumático, geralmente, apresentam, em seu desenvolvimento, passividade, medos, desesperança, desorientação e sentimento de vulnerabilidade. Além dos sintomas clássicos do Transtorno de Estresse Pós-traumático (TSPT), essas crianças expostas podem apresentar sintomas diretamente correlacionadas ao estresse traumático: uso de bebida, de drogas, de armas e de problemas escolares. Somado a isso, a exposição resulta em abalos e prejuízos na auto-estima[135].

A restauração da auto-estima pode servir para construir fatores de proteção para a escola, contra a criminalidade e contra o uso de drogas. Quatro são as condições para promover a auto estima: 1. sentido de se conectar; 2. sentido de ser especial; 3. sentido de poder; 4. sentido de um modelo para entender experiências.

O envolvimento em esporte organizado encoraja todas essas condições de várias formas, e pode especialmente encorajar para sentimento de poder, treinando garra.

O sentido de se conectar, isto é, sentir satisfação por estar conectado com pessoas, com lugares ou objetos, pode surgir por pertencer a um time e ser treinado por um bom técnico. Tendo boa habilidade para algum tipo de esporte, a criança ou o adolescente acaba sentindo-se especial, reconhecendo e respeitando suas qualidades e suas características, considerando que pode ser alguém e passa a se esforçar.

Além disso, a participação no esporte pode proporcionar a confirmação dos outros de que suas qualidades e características são boas e importantes. Sendo apoiado ou aplaudido quando o treino vai para um extra no contexto esportivo, o esportista começa a ter garra. Tendo um técnico capaz de desenvolver o esforço extra, ele acaba tornando-se um hábito e a reserva de garra habilita a usá-la sem o estímulo de ser treiador, só precisando de maior esforço se passar a enfrentar competições ou campeonatos.

A habilidade que o jovem tem de restaurar seu esforço máximo lhe dá um sentimento de poder e de se perceber competente.

O esporte ainda proporciona, ao jovem, oportunidades para modelos e dinâmicas, que poderão ser usadas para entender o sentido do mundo em que vive.

Crianças e adolescentes que já passaram por estresse e trauma precisam ser monitorados em sua tolerância de treinos para não sobrecarregar sua reduzida capacidade para lidar com estresse.

Estresse Traumático

A exposição a estresse traumático pode ser uma experiência devastadora para a continuidade normal do desenvolvimento, e evolui para o transtorno grave TSPT (Transtorno de Estresse Pós-traumático) – que depende do grau de intensidade do estresse e também do tempo de exposição ao estresse traumático[87].

O esporte para crianças e adolescentes traumatizados é capaz de desenvolver garra e encorajá-los a recuperar sua competência, obliterada pelo evento traumatizante. Segundo Bell e Suggs[6] podemos desenvolver na infância, com treinos esportivos e desafios em campeonatos, a *esperança*, que é o contrário da desesperança em que eles se encontram.

Sabemos que os riscos de adversidade são quase inevitáveis no percurso da vida, pelo crescimento inexorável da violência, e isso faz com que haja a necessidade de fortificar, no desenvolvimento, a competência para enfrentar o estresse e o estresse traumático[86].

Várias formas de enfrentar o estresse são sugeridas. De acordo com Bell[5], temos quatro facetas:

1. estar preparado;
2. conseguir dar um intervalo no estresse para buscar uma estratégia sobre o que fazer com o estresse;
3. conseguir agir de alguma forma para mudar a situação estressante;
4. mudar a resposta interna para a situação do estresse.

Sabendo que existe uma situação de adversidade, ela precisa ser superada e o indivíduo se prepara para lidar com o estresse traumático. A fortificação frente à atribulação, aumentando a garra e a coragem, é um método de preparação para enfrentar o estresse, porque compõe as quatro facetas propostas.

Desenvolver garra e coragem através do esporte pode ser a inoculação como prevenção primária para enfrentar estresse e estresse traumático.

12

Propiciando Alegria, Risada e Humor

– O Desenvolvimento do Senso de Humor em Crianças Pequenas

O senso de humor pode ser considerado como o sexto sentido das crianças em todas as idades. A observação empírica nos ensina a reconhecer quando a criança está triste ou alegre. Na maioria das vezes, a criança chora quando está triste ou sofrendo e ri quando está alegre, desde o sorriso até à gargalhada. Na maioria das vezes a vida também sorri para as crianças. A adversidade retira esse sorriso e as crianças não sentem mais alegria. Crianças famintas, doentes, maltratadas e abusadas perdem a capacidade de rir e de sentir alegria.

As crianças se beneficiam desde os primeiros meses de vida quando propiciamos alegria, risada e humor. Comparadas com crianças na adversidade, apresentam vantagem no desenvolvimento cognitivo, emocional e social[89].

O humor, como nos adultos, se torna escudo protetor frente a estresse ou trauma, desenvolvendo fatores de proteção e fatores de resiliência, ajudando o processo resiliente durante o crescimento. De acordo com Sultanoff, criador da Associação Americana de Terapia pelo Humor (*http://www.aath.org*), o humor aumenta a resiliência desde a primeira infância[128].

Nas crianças, o humor é aquilo que é engraçado e divertido. O humor na infância começa com o brincar por imitação.

Na escala animal, os mamíferos brincam quando são jovens e os animais adultos têm paciência com seus filhotes e os filhotes dos outros. Não temos observações sobre o brincar entre as aves, peixes e répteis nas fases precoces de suas vidas. Até agora, os estudos se resumem aos rituais de liderança, à fecundação e ao acasalamento. Não conhecemos nada ainda sobre a função inata do brincar.

As crianças brincam e têm alegria, acham divertido brincar. O adulto não compreende e pergunta "por que tanto brincar"? Brincar é engraçado, é divertido, contém alegria e prazer. Primeiro com seus pais e depois com outras crianças (*www.humor.ch*).

Assim como fornecemos alimento para o bebê, e continuamos a fornecer por anos; assim como fornecemos os cuidados de higiene por muitos anos: banho, asseio após necessidades fisiológicas, pentear, cortar unhas, vestir; precisamos também propiciar o brincar, o engraçado e o divertido, desenvolvendo, assim, o humor – fator de resiliência na vida[59].

FASES DO DESENVOLVIMENTO DO HUMOR

Para cada fase do desenvolvimento da criança – motor, de linguagem, de sociabilização, de escolaridade, de sexualidade –, podemos reconhecer o desenvolvimento do humor. De acordo com Mc Ghee, em seus sucessivos Newsletter de 2003 no site *www.humor.ch/mcghee/mcghee.htm* podemos dividir esse desenvolvimento em fases de 0 a 4, e a fase 4 subdivide-se em outras fases.

Achamos que as fases não são marcadas nos limites de uma para outra e, por isto, vamos repetir as idades-base propostas incluindo outras idades, precedentes ou posteriores.

Fase 0: Risada por Imitação – Sem Humor – 0 a 6 meses

Desde que o bebê nasce, ele imita. Responde mostrando a língua quando o pai mostra e o bebê não está zonzo. Imita o sorriso da mãe com esgar que parece estar sorrindo. Repetindo com riso, o bebê repete esgares e caretas, porque o adulto está alegre e contente, diferente da apreensão quando ele chora. As caretas repetidas do bebê estimulam a alegria da mãe (ou de outro cuidador). É o namoro entre pais e o bebê no desenvolvimento do vínculo familiar.

Sabemos que há centros cerebrais que podem ser estimulados em suas sinapses e que se conservam. Quando estes centros não são estimulados, as sinapses específicas apresentam apoptose e se suicidam. É o que pode acontecer com o sorriso, a risada e o humor.

Antes dos 6 meses a criança já dá gargalhadas. Por estimulação táctil ou movimentos bruscos de levantar e baixar o corpo da criança, ela pode gostar e gargalhar. É o primeiro sentido do humor, o imprevisto.

Fazendo cócegas na barriga com os dedos ou com o trepidar dos lábios, também pode-se estimular o prazer e a risada. A simples aproximação ameaçando a fazer cócegas já é razão de a criança rir e gargalhar aos 6 meses.

Começa, também nessa fase, a achar graça em sons que possam imitar bichos – por exemplo, latir como cachorrinho ao se aproximar. É o primeiro sinal de brincar com prazer, enquanto seu mundo está reduzido aos pais e cuidadores. As crianças na adversidade não passam por estes estímulos, mas crianças com famílas muito atarefadas também não propiciam o mesmo prazer que precisa ser repetido no tempo do bebê e não nos fins de semana, no tempo dos pais.

Fase 2: Risada Franca com as Figuras de Apego – 6 a 15 Meses

Chegamos a 15 meses por ser a fase em que a criança começa a andar e seu mundo se expande por sua iniciativa. A marcha poderá se iniciar bem antes, mas as experiências, para se tornarem engraçadas, precisam ultrapassar a fase de insegurança com seu centro de gravidade. “Sentar a bunda” no chão pode tornar-se uma brincadeira engraçada, especialmente se há a audiência, e a gargalhada com o fato criado pela própria criança.

A maioria dos momentos dessa fase é de reação aos outros, não ainda criados pelo bebê. A melhor reação continua sendo com os pais que podem fazer “palhaçadas” com os filhos, e depois superados de longe pelos verdadeiros palhaços de circo, que há séculos são os produtores de humor na vida infantil.

Com os pais por perto, os bebês percebem as atitudes repetidas deles, que passam a ser conhecidas e esperadas. As mudanças bruscas dessas figuras com arremedos de outros, como saltos e ameaças de tropeçar e cair, são momentos de alegria para os filhos que acham graça e começam a desenvolver os traços do humor.

O humor nesses casos passa a ser delineado pelo brincar com deturpações de atitudes esperadas na realidade habitual. Brincar de “escondeu – achou", mesmo quando aparece uma parte do corpo do pai (a ausência brusca total, pode causar ansiedade), já é percebida pela criança como uma brincadeira interessante e, quanto mais repetida, mais aumenta a risada do bebê.

Pai e mãe se fantasiando com um chapéu velho na cabeça ou com um jeans na cabeça também se torna engraçado, exprimindo que os pais estão brincando.

Em nossa experiência em ludoterapia com crianças pequenas, ficamos surpreendidos de como as crianças evocam os momentos de alegria do tempo em que os pais brincavam com elas, quando tinham entre 15 e 18 meses de idade. Não significa que os pais precisam ser os palhaços dos filhos. Significa mais que o brincar é um dos tesouros na vida das crianças e, enquanto não buscam outras crianças para brincar e jogar, os pais são indispensáveis para o desenvolvimento do humor, para que com ele possa construir sua resiliência posteriormente.

Fase 3: Simbolismo – 12 Meses a 3, 4 ou 5 Anos

O simbolismo está nas definições de humor. Na adolescência, e mesmo na vida adulta, o simbolismo sexual é uma deliciosa fonte de humor.

Desde o final do primeiro ano de vida, quando as crianças começam a falar e já entendem tudo que se fala para elas e entre os adultos, começa a lidar com um objeto como se fosse outro. No início da fase, não consiste no humor comunicativo, mas nos dois ou três anos seguintes já é humor criado pelas crianças. Usar os chinelos do pai dizendo que são seus cria um humor criativo aos 2 ou 3 anos com um sorriso. O sorriso é um sussurro da risada.

Levar as crianças de 3 a 4 anos ao circo para ver o palhaço produz todas as gargalhadas pelo simbolismo do desengonçado, do desastrado, do imprevisto, do reversível.

Muito mais do que a TV, o circo proporciona na fase pré-escolar o aproveitamento do humor para construir fatores protetores e fatores resilientes. Todas as crianças entendem este humor e riem ao mesmo tempo, num contágio que se reflete, porque os outros também entenderam ao mesmo tempo e partilham da alegria e do prazer. Os pais podem até não dar risada, mas pelo menos sorriem e aprendem com os filhos a usufruir melhor as oportunidades de se tornarem resilientes com eles.

Fase 4: Humor de Comunicação e Ação – 3 a 6 Anos

Com a linguagem adquirida e começando a conviver socialmente com outras crianças, o humor se desenvolve sem às vezes nem sorrir, mas fazer os outros entenderem que existe humor na comunicação.

Os pais podem fazer jogos de palavra e a criança pode responder com outro jogo de palavras ou alguma ação. O pai pode pedir, com palavras, "me mostra o nariz" e a filha muito seriamente, sem rir, apontar para a orelha, comunicando o humor. Ou então brincar "eu sou você e você como eu" passando a agir com a troca de papéis, sendo engraçado sem precisar sorrir, caracterizando um humor criativo. Nessa brincadeira, podem ser criadas situações hilariantes, com risada ou com seriedade, com todo o humor que existe.

Brincadeira assim também pode ocorrer entre crianças, em grupo com malícia simbólica[46], com paródias de música aplicada no grupo, especialmente de *jingles* ou anúncios de TV (*www.humormatters.com*).

Fase 4a: Brincando com Sons (sem os Significados) – 3 a 5 Anos

Aos 5 anos, continuam as palavras com seu significado trocado como criação de humor entre as crianças e continua engraçado. Entre 3 e 5 anos, os sons com rima e sons repetitivos podem ser imitados e criados sucessivamente por outras crianças: pilim pim pim tem um sim; polom pom pom tem um cão, pulum pum pum tem um rum, e todos riem.

Fase 4b: Jogar Palavras Inadequadas na Frase – 3 a 5 Anos

"Plantei uma árvore de leite", e outras palavras encaixadas, contém humor de comunicação, onde as palavras criadas são corretas com fatos que não são congruentes. Usadas na família, na escola, com amigos, essas frases podem persistir no pensamento e a criança, criando humor em seus próprios pensamentos.

Fase 4c: Comunicação Verbal Distorcida – 3 a 5 Anos

As crianças sabem o nome dos objetos, as qualidades dos objetos adjetivadas, a temporalidade das ações e conhece as classes e categorias a que pertencem. É a fase do pensamento com conceituação[105].

O conceito de cachorro, por exemplo, está feito, considerando-se vários tipos de cachorro, com tamanhos diferentes, cores diferentes, rabos diferentes, pêlos diferentes –, mas todos entram na categoria de cachorro.

De forma individualizada, um cachorro pode ser distorcido por outras formas, saindo da categoria: xingar alguém de cachorro com conteúdo emocional agressivo, ou ser chamado pelo pai de cachorrão para elogiar, ou de cachorrinho pela mãe, de forma carinhosa. São violações da conceituação de Piaget, mas entram em nova categoria pelos símbolos.

Fase 5: Fase de Pré-alfabetizado, Alfabetização e de Moral – 5 a 8 Anos

É a fase que precede o período de latência, que na maioria dos casos começa aos 7 anos ou pouco antes. Nessa fase, começa a existir a malícia com verdadeira produção de humor.

Com as estratégias desenvolvidas pelo videogame e pelo computador, a intenção é de manter humor, com símbolo, metáfora, simulação, trocas verbais, distorções, imitações verbais, criações verbais e reversões verbais, todas resultando em humor.

Não só assistem a disputas esportivas acompanhadas de humor verbal, que é divertido e engraçado, com muita risada, como também participam delas. Especialmente nas meninas, que apresentam maior facilidade para linguagem e seu conteúdo. Na escola e no esporte são criados os apelidos e os codinomes que podem permanecer para a vida e expressam o humor, correspondendo a um perfil com criatividade.

Alguns apelidos contêm humor emocional, cruel, agressivo e até ofensivo para quem recebe o apelido, mas engraçado e cheio de humor para as outras crianças.

O humor nesta fase se completa com a moral existente na cultura. A moral pode ser com discriminação – como está acontecendo nos EUA, onde não se pode fazer humor sobre negros (só permitido entre eles) –, outras vezes, cria-se moral religiosa, e em geral a criança evita fazer humor sobre a família dos outros, especialmente sobre a mãe dos outros que pode tornar-se ofensa grave.

Começam a entender anedotas e piadas que são contadas e reproduzidas com todo o conteúdo de humor com sorrisos, risos e gargalhadas.

Os pais, segundo McGhee[88,89], devem estimular o humor, lendo, com os filhos, revistas e livros; os recomendados são livros de charadas, que na família se tornam fontes de anedotas e humor.

Os pais devem ouvir as piadas, com todas as repetições, mesmo conhecendo e *só comentar* quando estão em desacordo com a cultura, especialmente quando há a discriminação, sem fazer *crítica* proibitiva. Comentar para a criança tomar conhecimento sobre a moral da família e saber comparar com a moral de outras famílias.

A sexualidade como piada e mesmo os termos de baixo calão comuns na cultura e antes difundidos só entre adultos são, hoje, propriedade de todas as gerações e não devem ser criticados.

A moral, aplicada pelas crianças, nos grupos, na escola, na igreja, torna-se um fator de proteção importante. Além disso, reconhecer a moral dos outros, discernindo o certo do errado, compõe os fatores resilientes nessas idades.

SENSO DE HUMOR COMO FATOR RESILIENTE

O senso de humor pode ser considerado como o sexto sentido, que é inato e precisa ser estimulado como os outros sentidos[19b]. Os pais estimulam o sentido táctil de profundidade quando ajudam o bebê a ficar de pé e a andar.

Estimulam a audição com sons musicais ou som da TV; estimulam o gosto fazendo experimentar comidas doces e azedas: "Experimenta que é gostoso."

Devem também estimular o senso do humor – que é fator de proteção – e, diferentemente do animal que mantém sua preservação só com os órgãos de sentido, consegue desenvolver a habilidade mental, que se torna precocemente fator de resiliência e, juntamente com outros fatores, constrói um processo que melhora a qualidade de vida humana.

Vários benefícios podem ser considerados pelo senso de humor bem desenvolvido segundo McGhee, na Newsletter, 2003, no site *www.humor.ch/mcghee/mcghee,htm*.

1. Devolve Alegria e Prazer

Quando as crianças estão rindo estão expressando a alegria e o prazer. Suas faces se alegram e, entretidas com a sensação mental, podem nem prestar atenção no que está acontecendo ao seu redor. Com o humor, podem provocar esta sensação e até vencer a tristeza ou o sofrimento para recuperar a alegria.

O humor é uma via de duas direções: sentimento de alegria e força para se recuperar da tristeza. Serve, assim, como fator de proteção e pode ser levado para a vida como fator de resiliência.

2. Aumenta a Auto-estima

Crianças com habilidades de bom humor são mais populares e formam amizades mais rapidamente, o que as faz se sentir bem com elas mesmas. Correspondem de forma reconhecidamente melhor na escola, o que estimula autoconfiança.

A sensação de bem-estar pode ser levada para o resto da vida como fator de resiliência.

3. Ferramenta contra o Estresse

Temos todas as evidências de que nos adultos o humor ajuda a enfrentar o estresse. Com a escalada atual nos níveis de estresse, é mais importante do que nunca ter as ferramentas de resiliência para enfrentar e para lidar com estresse e crises, e o bom humor é fator resiliente que colabora nesse processo.

O aprendizado do humor na infância é um benefício que se armazena para ser usado posteriormente. A infância é o período mais efetivo para desenvolver o bom humor como fator resiliente, porque é o principal conteúdo das brincadeiras com prazer que é próprio da fase.

4. Benefícios para a Saúde Física

Os estudos sobre benefícios do bom humor no estado físico dos adultos têm demonstrado estimulação do sistema imunitário com aumento da imunidade, em pesquisas médicas chamadas de PNI (psiconeuroimunologia). As investigações apontam que risada e bom humor contribuem para a estabilização da pressão arterial, além de reduzir a dor.

Nas crianças são poucas as pesquisas, mas evidenciam que a risada estimula a produção da imunoglobulina A, que protege as vias respiratórias, diminuindo a freqüência dos resfriados e a incidência de catarro.

Portanto, ajudando seu filho a construir fortes habilidades de humor, você está ajudando também a melhorar seu bem-estar e seu estado de saúde física durante a infância e a adolescência.

5. Benefícios Intelectuais

Humor é o jogo como jogo-intelectualizado[89]. É brincar com idéias para brincar. Enquanto o humor no adulto geralmente envolve experiência já aprendidas, crianças sempre se esforçam para ter idéias novas para brincar, por vezes enganosas e trapaceiras.

Crianças aumentam suas habilidades de ideação, quando brincam o *brinquedo-mental*. O humor aumenta o esforço intelectual, que poderá ser usado na escola e em todos os momentos em que seja propício durante a infância e a adolescência. E servirá como escudo protetor.

6. Enriquecimento de Vocabulário

Desde que foi aceito que o humor para a criança é o *brinquedo-mental* ou *jogo-intelectual* e a linguagem é o meio de transmitir essas idéias e pensamentos, não nos surpreende que as crianças gostem de brincar com palavras.

Primeiro brincam com sons, depois com sons das palavras e posteriormente com o significado. Com palavras que têm mais de um significado, por exemplo "manga", inventam que manga pode comer, trocar, vender; e a seguir, os símbolos e as metáforas com o jogo de palavras. Repetem as anedotas, as adivinhações "o que é o que é"... e as charadas.

Entre os amigos tudo é repetido e assim passa a ser memorizado. Com a família também reproduzem, quando os pais têm paciência para ouvir repetidas vezes.

Assim, passam a enriquecer seu vocabulário, que pode ser evocado quando necessário, usufruindo prazer.

Além disso, é fator de proteção, pela aprovação social ao contar piadas causando risos, onde todo mundo diz "eu nunca me lembro das anedotas".

7. Aperfeiçoar a Capacidade de Leitura

A satisfação em contar para os outros chistes, fazer adivinhações e charadas faz a criança buscar mais palavras para completar o humor. Começa a procurar revistas ou livros com palavras cruzadas e mesmo de piada. Os pais podem ajudar, ouvindo, lendo junto e contando.

Além das histórias infantis, a leitura precisa estimular o que as crianças gostam. Humor é um estímulo para a leitura, e o gosto para a leitura é um fator de proteção porque na vida serão menos enganados do que pelas imagens, que são sintéticas, e não contam tudo ou contam somente catástrofes, violência e adversidade.

8. Ganhos Cognitivos Gerais

Nas crianças em idade pré-escolar, está bem estabelecido que grande quantidade de conhecimento são adquiridos enquanto brincam (*www.earlychildhood.com*). Muitos programas da pré-escola se fundamentam somente no brinquedo. O jogo, com os brinquedos, pode construir o humor verbal que passa a ser *jogo-mental*. A partir dessa fase, duas vias podem ocorrer:

a. a primeira é a solidificação dos conhecimentos já arquivados. De forma virtual, os chistes e o humor podem distorcer o mundo real e os conhecimentos já feitos sobre ele. A anedota não é entendida, até não compreender a distorção, compreendendo-a é engraçada e faz rir. A repetição das piadas e das charadas e dos desenhos animados constrói, continuamente, idéias e a cada "releitura" novos conhecimentos se agregam;
b. a cognição também pode ser aumentada pelos antecedentes que cada gracejo contém, com novas informações que se apresentam. Contar anedotas e pegadinhas para os outros rirem e ouvir anedotas para rir, quando repetidas, têm conteúdo que pode melhorar a cognição.

O mesmo pode acontecer com os desenhos animados repetidos, que passam a ser mais bem aproveitados. Histórias em quadrinhos podem tornar-se mais divertidas quando lidas novamente, aumentando o senso de humor.

Com os ganhos cognitivos sucessivos, o humor se torna fonte de proteção porque aumenta as expectativas cognitivas. As crianças que se envolvem com o humor – contam, ouvem e lêem charadas, quebra-cabeças, chistes e pegadinhas – acumulam experiência com a concepção geral de pensar sobre o mundo e usam formas inovadoras para enfrentá-lo. É o limite entre o humor e criatividade.

9. Criatividade Crescente

Desde a década de 1950, há documentos que mostram a relação próxima entre criatividade e humor[195]. Isto não surpreende, pois ambos fazem ver o mundo de forma incomum. Ver o mundo de forma diferente reforça a capacidade de pensar de forma inovadora. O humor habilita a agir de maneira divergente do habitual, criativa, independente da inteligência.

Para construir a criatividade nos filhos, os pais não devem preocupar-se com inteligência ou com personalidade especial[4].

Todas as crianças podem ser criativas e a criatividade é fator de proteção importante para a vida. Como veremos no próximo capítulo, ela ajuda a construir o processo de resiliência.

10. Facilita a Interação Social

Um bom senso de humor é plenamente reconhecido como poderosa ferramenta para habilidades interpessoais, servindo para boa convivência social, fácil e prazerosa[142]. As crianças, como os adultos, beneficiam-se ao aprender a usar o humor no contexto social.

Entre os companheiros, aqueles que contatam amigos mais cedo com humor são os que participam mais nas atividades e são convidados com maior freqüência para esportes e para festas. Isto aumenta seu engajamento nos grupos e acabam tendo maior potencial para liderança. Toda a comunicação se torna mais fácil e resulta em fatores protetores que constroem a resiliência.

11. Estabelece Simpatia

É difícil não gostar de quem nos faz rir. As crianças que têm o humor desenvolvido, na interação social se torna mais popular e encontra facilidades em conquistar amizades. Transmitem simpatia e, assim, também se tornam simpáticos tendo as oportunidades mais precoces e freqüentes. Os outros querem ficar mais junto, ao passo que os tímidos, sem humor, são mais isolados pelos grupos e acabam se isolando mais.

A simpatia é uma fonte protetora na infância e fonte resiliente para a vida adulta.

12. Estabelece o Modo Social Aceitável para Exprimir Raiva

A expressão direta da agressividade ou hostilidade não é bem aceita pelas crianças e pelos adultos. Segundo Freud[46], o humor fornece o meio para expressar os sentimentos agressivos de uma forma que não é somente socialmente aceitável, mas valorizada quando é inteligente.

Assim, uma das mais importantes funções do humor aparece em sua ambigüidade. Quando o humor é usado pela criança, para mostrar exatamente o que acha, e a outra ficar magoada pela observação, há a opção de dizer que é uma brincadeira.

Já ao redor de 7 anos, a criança, quando compreende o duplo sentido das charadas e dos chistes, pode usar a ambigüidade do humor quando enfrenta hostilidade nos outros.

É um fator de resiliência que ajuda a enfrentar situações de conflito. O humor é uma fonte que serve tanto para exteriorizar sua raiva quando para se defender da hostilidade dos outros.

13 Encorajando Criatividade – As Artes na Resiliência

Criatividade é o processo de formar idéias originais através da exploração e da descoberta. O bebê no berço, que explora um penduricalho e tenta agarrá-lo, tem um ato criativo. Poderá alcançar e agarrar, poderá desistir e tentar em outro momento, mas "não perderá o sono" com isso; o adulto poderá perder o sono por experiência semelhante até resolver.

Nas crianças, desde a fase de bebê, a criatividade se desenvolve a partir de suas experiências com o processo, e não com o produto terminado[77,78].

A criatividade é natural e necessária para a criança, assim como o ar fresco e a luz do sol. Expondo as crianças a experiências criativas, damos o presente de uma rica e memorável infância com expressão criativa, que levarão para a vida (*www.earlychildhood.com/Articles*).

A criatividade é um escudo protetor na primeira infância, fator protetor na idade pré-escolar e fator resiliente no período de latência – quando passa pelo curso primário, compondo, com outros fatores, o processo de resiliência na adolescência, que é levado para a vida (*www.eduref.org*).

A criatividade não deve ser confundida com talento, inteligência, habilidade ou personalidade. A criatividade não significa fazer alguma coisa melhor que os outros, significa sobre: pensar, explorar descobrir e imaginar.

Assim como as crianças não possuem inteligência igual, a criatividade nelas também é diferente. Assim como os bebês mostram em seu comportamento evidências de inteligência desde seu nascimento, eles também exibem em seu comportamento evidências do potencial de criatividade.

Os pais elogiam só a inteligência de seus filhos pequenos e nem percebem a criatividade porque não aprenderam quanto isto é importante. Pais e professores elogiam seus filhos inteligentes, mas ninguém elogia, com orgulho, "meu filho é criativo".

Há um século foi imaginado com criatividade o conceito do QI, para classificar as classes do ensino primário na França, mas não se cogitou de um Quociente de Criatividade. Até hoje não medimos a criatividade, que ainda não é valorizada. Por isso talvez, a escola não tenha mudado.

Com o avanço da tecnologia eletrônica, a comunicação, o mercado e a ciência progrediram, aproveitando de forma revolucionária a eletrônica e a tecnologia. A escola continua conservadora, a forma de ensino pouco mudou, somente arquiva conhecimentos, sem o planejamento da aplicação imediata desses conhecimentos com criatividade. Com os avanços na criatividade dos filhos podemos preparar para a vida na solução da arte das possibilidades[156].

Criatividade é, essencialmente, a forma de solução de problemas. Mas é um tipo especial de *solução de problemas*, que envolve problemas que não têm resposta, isto é, problemas para os quais as respostas aprendidas ou convencionais não funcionam. Criatividade envolve adaptação e flexibilidade do pensamento[4].

Para o apropriado entendimento da criatividade da criança, precisamos distinguir a criatividade da inteligência e do talento. Os componentes do potencial de criatividade são distintos da inteligência[94].

O termo *superdotado* é usado com freqüência para inteligência elevada, mas a inteligência e a criatividade são independentes entre si e uma criança altamente criativa, pode ser ou não ser altamente inteligente. O talento se refere em possuir um alto grau de habilidades em determinada área especial: matemática (aritmética), desenho. Quem tem talento pode ser ou não criativo e pode ser ou não inteligente.

A criatividade pode expressar-se melhor na música e arte, mas também pode se expressar na ciência e no brinquedo. Por achar que somente nas artes – pintura, escultura, música, dança, teatro – surgem idéias criativas, podemos estar esquecendo que o pensamento e a imaginação são encontrados em todos os aspectos da criança em crescimento.

As idéias e os pensamentos criativos nas crianças estão fundados nas experiências contínuas do crescimento e podem ser aprendidas todos os dias. Os precursores da criatividade adulta estão claramente evidenciados nas crianças.

Deve-se educar as crianças em artes e encorajá-las a desenvolver a educação artística precocemente, com o objetivo de facilitar a construção do escudo protetor.

De 4 a 6 anos a criança se ocupa com a criatividade e, sucessivamente, em diferentes idades, realiza todas as manifestações conhecidas por criatividade.

Criatividade é: experimentar, inventar, romper regras, cometer e corrigir erros; é crescimento, é correr riscos; sempre como jogo e divertimento[73].

Criatividade proporciona ao ser humano: enxergar diferentes coisas, ver as coisas diferentes, gerar múltiplas ações, desafiar regras, saber como pensar, pensar e ligar os pensamentos, estar cônscio do que fazer, enfrentar regras estabelecidas, saber como pensar, tentar e tentar, jogar com o si mesmo[29].

A criatividade se mostra diariamente, como quando os pais, por exemplo, precisam encontrar a melhor forma de levar os filhos relutantes para a cama, à noite. Todos os dias o diálogo e a ação se repetem de forma criativa entre pais, mães e filhos.

O CONVITE PARA A CRIATIVIDADE

Desde a vida intra-uterina, as crianças ouvem os murmúrios dos órgãos da mãe, as batidas cadenciadas cardíacas e, mais remotamente, as vozes da mãe e de outros, sons estridentes ou muito graves. Na limitada memória do bebê estes são os sons reconhecidos no mundo.

Ritmos, sons agudos e sons graves são os primeiros sons que entram na memória do bebê, e que ele repete com criatividade. O balbuciar, o gorjeio, o grito agudo e mesmo o choro podem ser criativos. Os pais devem ser a audiência para estes espetáculos e não dizer que o bebê está se entretendo sozinho e, portanto, calmo. Estar sozinho não é bom para o bebê quando acordado; quando o deixam sozinho, os adultos acham bom.

A criança comunica com criatividade (*www.eduref.org*) o que ouve, o que vê, o que sente e o que pensa, por meio de sons, de gestos, da fala, do rabisco, do desenho, da pintura, da escultura com construção de objetos do teatro, tanto no drama, quanto na tragédia. Sobretudo, a criança brinca e joga, sempre com criatividade.

Cada criança a seu modo, seja por meio de conversas, de desenhos e pinturas, de idéias diferentes ou de movimentos corporais, demonstra criatividade (*www.unicef.org/brazil*). Propiciando as oportunidades e sabendo que é importante que a criatividade seja construída no desenvolvimento, devemos fazer o constante convite para a ela possa emergir.

Nos primeiros momentos em que a criança é capaz de rabiscar num papel, não importa o que aparece. Pode ser uma nuvem, um lençol, o cabelo do pai; basta ser comunicação criativa em usar lápis, carvão, giz, esferográfica. Pesquisas mostram que as crianças que rabiscam cedo e com gosto são os melhores alunos em leitura e matemática[79].

A criatividade, quando aprendida e aplicada, é capaz de transformar ações humanas. A criança não nasce com criatividade, mesmo quando carrega algum dom genético. Precisa ter oportunidades para a criatividade se desenvolver. O homem nasce com curiosidade. A curiosidade é fonte principal para a criatividade. A criatividade constrói a resiliência.

COMO ENCORAJAR A CRIATIVIDADE

1. Enfatizar o processo antes do produto

É a geração de idéias. A aceitação pelo adulto de múltiplas idéias numa atmosfera sem avaliação ajudará a criança a gerar mais idéias ou conduzirá a um novo estágio de auto-avaliação. Quando as crianças desenvolvem a habilidade de auto-avaliação, temas de qualidade e a geração de produtos se tornam mais importantes.

A ênfase nessa idade deve-se centrar na auto-avaliação. Por isso as crianças exploram suas habilidades para gerar hipóteses e melhoram suas idéias baseadas nessa auto-avaliação.

A avaliação por outros e por critérios para produtos genuinamente significativos só devem ser usados com adolescentes ou adultos[73]. No início, o processo deve ser observado pelos pais e depois pelos professores.

2. Proporcione um ambiente que permita à criança explorar e brincar sem restrições impróprias

A forma como a criança brinca é importante. Com brinquedos muito estruturados ou materiais que se transformam, a criança deve usá-los como ela entende[62]. Se desmontar um carrinho de corda ou de pilha por curiosidade, devemos evitar restrições e impedir o uso que o adulto acha coerente. Na curiosidade da criança, desmontar um brinquedo pode ser mais criativo do que usá-lo de acordo com o manual.

Na criatividade, a criança pode errar de acordo com suas próprias hipóteses, consertar o erro e continuar explorando. Outro brinquedo igual pode ser adquirido, e mesmo que o adulto se pergunte "de que adianta", ela vai continuar destruindo. O brinquedo e a exploração da criança não são realizadas para alcançar o certo ou errado dos adultos, mas construir sua criatividade.

Móveis e utensílios passam por experiências que satisfazem as hipóteses de cada momento da vida. Desde arrastar, derrubar, sujar numa idade; até seu uso em outra idade, como qual o custo em outra e se é mais econômico comprar pronto ou mandar fazer. O mesmo acontece com material artístico: quebrar a ponta do lápis, rabiscar com o lápis, usar mais do que um lápis, trocar o lápis por uma esferográfica, usar o lápis sobre uma folha já pintada antes com pincel, fazer pó da ponta do lápis e desenhar sombras de diferentes intensidades com a quantidade. Em tudo, pode-se sujar e haver a presença da crítica dos pais em relação a isso. Posteriormente na escola, os professores devem adaptar ambientes para a criatividade espontânea dos alunos.

3. Adaptar-se às idéias da criança em lugar de estruturar suas idéias para se encaixar na dos adultos

A expressão das idéias da criança pode ser feita mesmo antes de falar corretamente, mas especialmente após a aquisição completa da linguagem. E deve ser sem avaliação. A fixação em corrigir para o que está certo para os adultos resulta em conformismo da criança.

Quando o ambiente não avalia, estimula novas idéias e estas originam outras novas. A correção por avaliação sempre poderá ser feita. Procurando estimular as idéias, podemos esperar que a própria criança consiga encaixar-se no pensamento do adulto.

4. Aceitar idéias inusitadas de crianças, evitando julgamentos sobre soluções divergentes com os adultos para solucionar problemas

As idéias da criança contêm símbolos que não são comuns na ideação dos adultos[29]. A solução encontrada nem sempre é contrária ao que se espera. Aceitar, em princípio, sua forma peculiar é estimular a criatividade para as soluções, mesmo que sejam por conflitos com a autoridade dos pais.

A obediência não é automática e pode conter criatividade. Pode obedecer a uma parte da solução e ficar claro que está obedecendo.

5. Usar soluções criativas para resolver problemas e conflitos caseiros

A criança pode ver as coisas de forma nova. Pode ter idéias convergentes e divergentes. Os pais podem transformar idéias populares em idéias e exemplos mais originais, permitindo que a criança também possa pensar[94]. Grandes discussões podem transformar-se em brincadeira e jogo de criação de idéias.

6. Conceda o maior tempo possível para a criança explorar todas as possibilidades para resolver problemas

As crianças podem explorar todas as possibilidades. Permita que use o tempo que precisar para a exploração dessas possibilidades para que possa descobrir a idéia certa. Sem tempo suficiente, a criança pode responder o que vem à cabeça primeiro; com tempo suficiente, pode encontrar idéias mais criativas e mais imaginativas.

QUANDO PODEMOS COMEÇAR COM AULAS DE MÚSICA

As artes se tornam a via final comum para a criatividade melhor se desenvolver. Todas as artes são importantes: artes plásticas, artes cênicas, dança, canto e, principalmente, música[73].

Os sons são íntimos para a criança desde sua vida intra-uterina: o ritmo dos batimentos cardíacos da mãe, o farfalhar da circulação e as bolhas de gases no aparelho digestório. Após o nascimento, reconhece os sons anteriores familiares, que se repetem na sucção, nos batimentos cardíacos da mãe e os estouros, como batida de portas, que podem alertar o bebê, mas também podem tranqüilizá-lo.

Gradualmente, aprende a reconhecer todos os sons que se encontram no ambiente. A música cantada pela mãe, os sons do rádio, da TV e os sons do CD são aprendidos e precocemente imitados com as habilidades adquiridas. Antes dos 3 anos, a criança reproduz ritmos e canta várias músicas.

Além dos sons, o bebê tem prazer em reconhecer cores. Apesar de a visão se desenvolver após a audição, reconhece logo o vermelho e o rosa porque o mundo intra-uterino quando visível, nas últimas semanas antes do parto, era rosa ou vermelho. Com a preferência pelo vermelho, as outras cores, como a do céu, do verde quando sai de casa, do amarelo do seu quarto com luz solar ou artificial, além do branco e do preto reconhecido. Todas as cores suscitam prazer através da vocalização, desde gorjeios até gargalhadas, manifestados para os pais ou para si mesmo.

Os objetos em movimento, especialmente em movimento repetitivo ou cadenciado, tentam ser imitados pelo bebê, agitando braços e pernas. Até os 2 anos, as crianças estão preparadas para aproveitar as artes como criatividade[79].

A música é a maior criação da humanidade como arte, que vibra junto com os indivíduos e dinamiza as energias de multidões. Cantos de guerra, cantos de amor, hinos para divindades, sopros para comunicação são descritos desde os primórdios da humanidade. Foram sempre considerados como elementos fundamentais para o desenvolvimento da cultura. Com o ritmo e com instrumentos musicais criados pelo homem, a voz se enriqueceu, fazendo da música fonte de criatividade incalculável e reconhecida pela humanidade, como elemento essencial para a criatividade de cada um.

Quando então começar a ter aulas de música? (*www.babycentre.com*). As crianças podem começar o treino para a música desde cedo, próximo aos 3 anos de idade, quando os circuitos cerebrais para a aprendizagem de música amadurecem. Nessa idade, aulas de música podem acelerar o poder cerebral para a música. No entanto, muitos professores de música preferem que as crianças esperem até os cinco anos, quando suas mãos são maiores e estão com maior prontidão para se manter quieto e atencioso.

Quando a criança ainda não está preparada para ter aulas formais de música, ela pode freqüentar grupos de iniciação musical, onde pode ser educada para gostar de música, ritmos e auto-expressão. Aprende os sons de diferentes instrumentos e como a música é sentida.

Na iniciação, poderá aprender a criar sons e o melhor instrumento para esta fase é a flauta doce. A iniciação antes de 5 a 6 anos é mais divertida e apreciada que repetir escalas em teclados. No entanto, crianças que têm talentos musicais repetem todas as escalas mesmo só no pensamento; executam "o que a cabeça manda".

Quando a criança está apta para ter aulas formais, o piano é um bom instrumento para começar, já que os movimentos dos dedos estão menos hábeis para tocar uma guitarra ou um violino.

A coisa mais importante é que a criança desfrute com prazer o que está aprendendo. Tenha a certeza de que o professor trabalha bem com crianças pequenas, que mantenha as aulas interessantes e numa velocidade adequada para a idade da criança. Correr demais pode desanimar. Estudar muito para as lições pode causar evasão do compromisso.

As outras artes devem ser transmitidas, como a música, de forma gradual com o desenvolvimento criativo da criança. Bailados clássicos, modernos e folclóricos, sapateado e outros programas de movimento podem ter iniciação precoce e aulas formais, depois dos 6 anos. Os currículos da pré-escola devem ser centrados em sociabilização e criatividade.

CULTIVANDO A ARTE NA PRÉ-ESCOLA

A área de arte é a favorita para as crianças porque é fácil e natural para serem criativas com os materiais e produtos da arte.

Nossa proposta para a Escola Maternal e Jardim de Infância é que as crianças tenham a oportunidade de mudar de classe, de acordo com seus interesses, e que as professoras se mantenham em classes realizando os programas. Uma classe de música, poesia e teatro, uma classe de pintura e escultura, uma classe de ritmo e movimento, uma classe de cores, recortes e colagens; com programas em cada classe que se modificam a cada dia ou semana.

O número de alunos seria o mesmo do Jardim tradicional. Uma educadora especializada em dinâmica de grupo poderia interferir quando uma das salas estivesse com alunos demais, por liderança de colegas, por interesse grupal ou porque o programa atrai maior atenção. A educadora redistribuiria os grupos para outras classes, e assim sucessivamente.

Somente na fase de pré-alfabetização é que passariam a sentar em mesas ou carteiras, com professora ensinando e tendo um tempo para usufruir das salas de arte, em pequenos grupos que se revezariam.

Para a idade em que a criança freqüenta a Escola Maternal e o Jardim de Infância as atividades criativas são essenciais, e a arte com tempo livre deve ocupar 80% do horário da criança (*www.earlychildhood.com*).

Deve-se permitir que as crianças explorem todos os materiais de forma espontânea e percebam o que podem fazer por si.

1. Materiais de colagem

Ter uma área de colagem na sala é uma escolha que encoraja a criatividade da criança.

Salve o material mais caro e materiais pedidos em tubos de plástico ou em caixas de sapato. Abasteça com fitas, cola, grampeador, palitos, cartolina ou papel grosso. Supervisione as crianças em grupo, fazendo colagens com os materiais à mão.

Mude o tipo de cola, e a colagem terá nova criatividade. Troque cartolina por papel, e a criatividade se transforma.

2. Mantenha um centro de artes na classe, onde as crianças possam explorar e descobrir por si mesmas através de materiais de fácil acesso

Uma mesa central com vasos cheios de lápis de cor, crayon, esferográficas, pincéis mágicos, tesouras, papéis de todas as cores, folhas de plástico de todas as cores, giz, carvão, massa de modelar, borrachas, geléias para formas, barbantes, clipes de todas as cores, furador de papel e grampeadores.

Permita todo o acesso possível hierarquizando por idade, com lideranças para os projetos. As crianças pequenas podem trabalhar de forma independente.

Acrescente um cavalete desmontável e todas as possibilidades são expandidas.

3. Valor dos resultados

Os resultados finais do trabalho de crianças pequenas não são tão importantes para cada uma delas quanto a exploração e a experimentação que resultou na sua criação. O produto tem um valor para o adulto e a professora como adulto também só deve valorizar o processo. A criança pode errar a cada nova experiência.

Segundo Kohl[79], quando uma criança faz as cores do arco-íris e depois as mistura ficando um borrão marrom, o resultado pode não ser lindo de se ver, mas o processo para chegar a ele se torna um *suspense* enquanto realiza. Encontrando outras soluções com novas experiências fará, com o tempo, o valor da criatividade mais evidente.

4. Não existe certo ou errado na criatividade

As crianças devem ser continuamente encorajadas para novos projetos e a tentar novos caminhos para criar. O caminho é quando se convencem de que seu projeto não é o mais bonito ou o melhor, mas é *único*. O único é o desafio para a criatividade.

Professores não devem fazer pelas crianças, mesmo quando são solicitados. Nem pais nem instrutores podem realizar melhor o *único* projeto criativo da criança[79,124].

5. Expandir criatividade

Os programas do currículo de criatividade devem ser expandidos sem considerar o tempo necessário para isso. Acrescentar música ao desenho, colagem, escultura. Ao ritmo da música, poderá fazer pontinhos na folha de plástico ou papel no mesmo compasso; à melodia, poderá acrescentar traços de cores. Poderá cantar enquanto pinta, cola, faz dobraduras.

6. Exibir a criatividade

A dança. A poesia. O canto. A música. Estas são artes que precisam ser exibidas. Na maioria das vezes são exibidas para o próprio grupo, mas nas festas e comemorações são apresentadas para uma audiência maior, com ensaios para sua exibição. Os próprios ensaios se tornam criativos quando há liberdade e as crianças têm prazer de exibir seus talentos ou sua criatividade para os colegas.

As exibições nessa fase devem ser um divertimento e não uma condenação a cumprir. Pais e professores devem mostrar apreciação sobre a criatividade da criança. Não há obrigação de levar para casa e ser exibida para a aprovação ou censura dos familiares. As crianças devem exibir a arte criativa para a classe, mas nada impede que leve para casa, especialmente se a criança pede. O aproveitamento escolar no futuro é que deverá ser valorizado pelos pais e professores.

14 Famílias Resilientes – Resiliência na Família

As famílias resilientes "não são inatas", são sempre construídas. Daí a importância de se reconhecer as características dessas famílias e conseguir realizar o projeto educacional capaz de desenvolver as aptidões e habilidades concernentes.

Todas as famílias têm força. Todas as famílias também têm vulnerabilidade (*www.uwyo.edu*). A criança, criada por qualquer tipo de família, é capaz de ser resiliente, ou ser vulnerável.

Irmãos com idade próxima podem ser totalmente diferentes entre si quanto ao processo resiliente de cada um deles. Os fatores de risco a que foram expostos, os fatores de proteção que adquiriram e os fatores resilientes que construíram fazem esta diferença entre irmãos. É evidente, e as publicações confirmam, que as famílias resilientes proporcionam maior facilidade em desenvolver resiliência nos filhos.

Família resiliente assim como o próprio termo resiliência são *constructos*, e devemos avaliar seu uso nas investigações que realizamos[85]. Aplicamos também o termo *forças na família* com o sentido de reforçar fatores de proteção ou na luta contra fatores de risco[147].

Consideramos que *família resiliente* e *resiliência na família* são como marco de referência útil para orientar pesquisas e direcionar intervenções, estabelecer projetos de promoção da resiliência[155].

As mudanças pelas quais a família passa desde o último século no estilo de vida, na economia, na educação, no trabalho feminino, na velocidade e rapidez, na vida nas cidades são tão aceleradas, que sua adaptação está sempre pressionada passando por maior quantidade de estresse – mais qualificado do que suas famílias ancestrais suportaram[85].

Com a adversidade das imensas migrações, sempre presentes durante os séculos, como as adaptações culturais, as discriminações acompanhadas de violência dão características para aquela família que é resiliente, que sobrevive à adversidade e prospera[138]. A resiliência não é medida em músculos, em saúde ou eficiência, mas por esperança, criatividade e unidade.

Os temas suporte mútuo, consistência, comunicação partilhada, espiritualidade e consciência de comunidade são sempre encontrados quando se descrevem famílias resilientes, descrevem os que desenvolveram o crescimento do indivíduo, a unidade familiar e a comunidade em que vivem[107].

Os adultos e crianças das famílias resilientes lidam bem com os relacionamentos, enfrentam estresse e contribuem para com a vida dos outros, de forma mais consistente, com aqueles que não possuem essa força e resistência. São famílias que usam as crises para aprender a enfrentar outras crises e reduzem os custos financeiros e emocionais de crises repetidas.

Não computamos, para esta avaliação, a atual separação de casais, com as novas famílias que se formam. Esse fato sempre existiu. Homens, pais que morriam nas *guerras*, eram substituídos por outros homens, padrastos. Mulheres, mães que morriam nos *partos*, eram substituídas por outras, madrastas. Constituíam-se novas famílias como acontece hoje, só que atualmente com menor número de filhos.

Além de cada adulto da família poder trilhar a *estrada da resiliência* já sugerida (*www.helping.apa.org*) e acompanhar a cartilha da resiliência para desenvolver filhos resilientes, podemos enumerar os traços e as características das famílias resilientes e programar as posturas e as ações para construir essa força.

QUALIDADES DAS FAMÍLIAS RESILIENTES

Uma variedade de qualidades familiares são relatadas pelos pesquisadores e os que trabalham com famílias que as tornam fortes e capazes de enfrentar crises e superá-las[28,48,81]:

1. Compromisso

São famílias que se comprometem em primeiro lugar com a unidade da família. Assumem o compromisso no melhor interesse de seus filhos. Mantêm lealdade com todos os membros da família, trabalhando para partilhar suportes e aspirações até com auto-sacrifício[138]. Cultivam a confiança e dependência mútua.

2. Ligações

É família de convivência fácil com outros. Procura e é procurada pelos parentes. A família estendida se encontra com freqüência. Mantém contatos com vizinhos e com a comunidade. Considera e é considerada pelos outros.

3. Coerência

Age com autoconfiança e determinação. Mantém atitudes com convicção, transmitindo esperança. Traduzem otimismo em sua convivência com as outras pessoas e os familiares.

4. Coesão

Mantém a identidade familiar e os membros juntos. Consegue balancear as prioridades para serem enfrentadas em conjunto. Produz sólidos laços familiares e fornece a liberdade para expressão individual de cada um dos membros.

5. Adaptação

Enfrenta as mudanças. A família equilibra os papéis estáveis e a tradição, com flexibilidade para mudar regras e partilhar as decisões. Os desafios são enfrentados de forma a ajudar a adaptação de todos os membros da família com decisões por coesão.

6. Comunicação

Engajada em se comunicar de forma clara, sem subterfúgios. Fala de forma consistente e afirmativa. Escuta com paciência e até o final do que deve ser dito. Resolve situações de conflito por compartilhar a fala e a escuta.

7. *Espiritualidade*

Acredita num poder divino e superior. A família age dentro de um sistema de valores que supera seu interesse imediato. Os valores se fundamentam em propósitos divinos ou em ética e moral que correspondem ao bem-estar grupal, tradição sócio-cultural, em costumes, morais e leis transmitidas por gerações.

8. *Tempo familiar*

Os familiares ficam juntos em vários períodos, seguindo rotinas. Os tempos da família podem ser diários, como refeições, hora de oração. Também podem ser por celebrações, como o *shabat* na religião judaica; a escola dominical, a missa, o culto, na cristandade. Esses tempos familiares que unem a todos, fazem as conexões para a ideologia comum, e se completam com criatividade, humor, danças e competições esportivas.

PROJETO PARA CONSTRUIR FAMÍLIA RESILIENTE

Todas as famílias têm alguma força e atitude positiva para enfrentar os desafios diários[49]. A família resiliente é reconhecida quando enfrenta adversidade e se sai bem como unidade familiar.

As famílias em risco é que precisam desenvolver fatores protetores. A maioria das famílias em risco submerge na adversidade.

A maioria das famílias na miséria ou extrema pobreza são de alto risco na atualidade[48]. Há poucas dezenas de anos viviam no campo, desconhecidas e desconhecedoras do bem-estar que se usufruía na cidade grande. Atualmente, com os progressos tecnológicos, quando pequena porcentagem da população trabalha na produção agrícola e esta produção cobre as necessidades do país exportando ainda para outros países, o campo ficou para as máquinas. Assim como as ruas e avenidas da cidade ficaram para os autos.

A expulsão das famílias para as cidades torna-as famílias de risco. Os projetos da Fundação Bernard Van Leer cuidam das famílias no campo antes de sua inevitável migração[57]. Os filhos poderão ter, como indivíduos, possibilidades de enfrentar a cidade grande para a educação e prestação de serviços, com referência familiar que se mantém[59].

Além da miséria, famílias são consideradas "de risco" devido à violência, a drogas e a abusos. Essas famílias precisam encontrar fontes de suporte para se manter juntas.

O empobrecimento da família especialmente por perda de emprego é uma vulnerabilidade que a deixa em situação de risco. A família sadia que passa por doenças também pode tornar-se vulnerável.

O projeto deve seguir por um balanceamento entre os membros da família e suas necessidades e da comunidade. As tradições e experiências anteriores devem-se tornar flexíveis para mudanças. A autoridade centrada nos pais, ou em um dos pais, deve ser reforçada para as decisões a tomar. A família que mantém comunicação aberta e respeito pela liderança paternal é mais capaz de construir forças e aprender com as dificuldades mantendo a resiliência[106].

As famílias de baixo estresse, nas várias fases da vida e melhor estrutura, são mais aptas a construir sua resiliência (*www.uwyo.edu*). Estas famílias são:

1. jovens casais que engravidam, com estabilidade econômica, e que mantêm práticas sadias de vida, gostam das mesmas coisas, aproveitam lazer juntos e têm comunicação aberta;
2. famílias com crianças pequenas que constroem forças em base marital, com orientação para os filhos, aproveitam lazer juntos e resolvem problemas em conjunto. A participação social e estabilidade financeira e de trabalho também ajudam;
3. famílias com adolescentes que trabalham em tempo razoável e conseguem manipular bem seu sistema financeiro, comunicam-se bem sobre questões de personalidade, partilham de grupos sociais e de lazer com amigos e "trabalham" para manter o matrimônio forte;
4. casais mais velhos com filhos independentes, que mantêm práticas de proteção à saúde, priorizam sua qualidade de vida e mantêm padrões de sucesso na resolução de conflitos.

AÇÕES PARA CONSTRUIR FAMÍLIAS RESILIENTES

As ações para construir resiliência na família são planejadas para alcançar as características das famílias que são resilientes. Famílias que passam por crises são as famílias alvo desses projetos. São famílias que tiveram acidentes com perdas ou seqüelas, por acidentes de automóvel, de trem ou de avião[54].

Famílias com filhos que nasceram com problemas físicos, como paralisia cerebral, retardos mentais[106]. As famílias com filhos adolescentes que se tornaram dependentes de drogas.

Famílias do terceiro mundo que precisam ser ajudadas, necessitam de ações planejadas para aprender novas habilidades, adotar atitudes positivas, tentando e tentando novamente, fazendo a diferença nas vidas dos indivíduos, das famílias e da comunidade[47].

Famílias que passaram por desastres naturais, por guerras regionais, por atentados terroristas (*www.helping.apa.org – Resilience in Time of War*).

As ações devem levar as famílias a trabalhar em conjunto, e assim criar grupos de suporte em todas as idades: grupos-tarefa para segurança, para saúde, para escola, para prevenção de drogas, para vizinhança[13,156].

As atividades para construir famílias resilientes semelhante às características descritas nessas famílias são[77]:

1. Compromisso

Conduzindo grupos-tarefa nas diferentes áreas de sua ação. Planejando áreas de recreação nas proximidades, como jardins e parques infantis. Organizando competições esportivas. Dando suporte para os membros da família engajados nessas atividades.

2. Ligações

Projetos com os vizinhos, compartilhando com a comunidade. Ocupando tempo e se interessando por outras famílias. Ajudando os que precisam, conversando sobre suas necessidades.

3. Coerência

Lembrando os sucessos da família e as realizações das esperanças e investimentos que já obtiveram. Dedicando-se aos problemas em lugar de não enfrentar e desistir.

4. Coesão

Manter e sempre completar álbum de fotos e voltar a comentar juntos sobre fotos antigas e outras pessoas da família. Fazer noites de jogos na família ou sessão de piadas. Assistir à exibição de progressos dos filhos em ginástica, esporte ou arte. Celebração de várias datas de comemoração familiar – aniversário de todos, datas de primeira comunhão, datas de viagens de férias, data de casamento dos pais, de avós distantes. Levantar o estandarte da família.

5. *Adaptação*

Inventando diariamente alguma mudança na tradição da família. Modificando regras em conjunto para serem comentadas para novas mudanças ou não. Aceitando desafios para aprender novas habilidades.

6. *Comunicação*

Aprovando franqueza e honestidade. Aceitando os sentimentos e ouvindo até o fim o que está sendo expresso. Ouvindo a opinião dos outros, reconhecendo quando há concordância ou desacordos. Nas solução de problemas, a família está presente e não decide por telefone ou e-mail. A presença dos pais organiza a família na comunicação, centraliza a autoridade e educa a liberdade[65]. Haim Omer, brasileiro, que vive em Israel, também considera a presença dos pais, no papel de educar nossos filhos[101]. Ele recomenda o princípio de Gandhi da resistência sem violência nos problemas de indisciplina aguda. Por mais ocupados que estejam os pais com diferentes afazeres, o balanço com a família deve ser feito. Estes são os caminhos de uma família mais calma e mais próxima[33].

7. *Espiritualidade*

Fazendo orações com a família em conjunto. Encorajando a fazer críticas sobre os valores entre todos os membros da família presentes, sem precisar que todos estejam presentes como obrigação. Mantendo os ritos religiosos na comunidade. Assistindo prédicas e leituras que possam inspirar. Lendo artigos ou livros que inspiram[26].

8. *Tempo Familiar*

Planejar o tempo comum da família como: acordar, vestir-se, fazer refeições, assistir aos mesmos programas de TV, alugar DVD para todos, quando a conversa é "silenciosa" olhando uns para os outros e sorrindo, ou jogar juntos. Sair juntos para comemorações na comunidade como procissões, carnaval, Natal e outras festas.

A família resiliente fortalece a família como unidade funcional que é capaz de promover a resiliência para seus membros. A família resiliente não resolve nenhum problema da família e não é causadora de nenhuma felicidade na família. Ela se torna real quando a família enfrenta adversidade[30].

É um escudo protetor que se abre na hora da adversidade e que permite à família enfrentar as crises, superar dificuldades e se sair bem, superar novas dificuldades, com mais força e continuar.

A família resiliente não resolve as ansiedades da família, as depressões, as neuroses de seus membros, as psicoses, o alcoolismo ou as drogas. A imunidade que conhecemos e construímos é para se revelar na adversidade.

RESILIÊNCIA NA FAMÍLIA

O fundamento da resiliência na família é a *esperança.*

Esperança no casal jovem que a relação sexual vai resultar em gravidez.

Esperança de que a gravidez chegue ao termo.

Esperança de que o filho/filha nasça sem problemas.

Esperança de que o desenvolvimento do filho seja sadio.

Esperança de que o filho seja bom estudante.

Esperança de que o filho tenha boa profissão e bom emprego.

Esperança de que tenha um bom casamento.

Esperança de que tenha sustento econômico satisfatório.

Esperança de que tenha filhos. Que seja honesto, que seja...

Esta *esperança* gera forças na família para um contínuo crescimento, que facilita enfrentar alguns fracassos, fazendo-a se recuperar, começar outra vez. Além disso, constrói escudos protetores, desenvolvendo fatores de resiliência que somente surgirão na adversidade fazendo a família encontrar o processo da resiliência.

A esperança não é sucessiva, mas em bloco, que antecipa muito os acontecimentos, e está sujeita a muitas interferências e decepções[33]. É no momento de enfrentar a adversidade que a família hierarquiza sua esperança, faz novos investimentos emocionais, supera a adversidade e se recupera. Essa esperança não é igual em cada membro da família e não é simultânea em tempo. Depende dos fatores de proteção que os membros possuem individualmente. A esperança de cada um contribui com os outros para neles construir fatores resilientes.

A esperança depende da interação familiar. É uma resiliência relacional.

Segundo Walsh[147], é um conjunto de crenças e narrativas compartilhado, que fomenta sentimentos de coerência, colaboração, eficácia e confiança.

Essas capacidades são essenciais para superar conflitos, dominar os problemas e adotar as ações que ajudam a enfrentar a adversidade.

Essas capacidades não inoculam imunidade para os problemas dos membros da família. Assim como a vacina contra a varíola, que hoje não é mais aplicada porque a doença foi extinta, não melhorava as condições clínicas para outras doenças, na vacinação atual, as crianças não precisam mais serem protegidas para enfrentar epidemias de sarampo ou paralisia infantil, mas também não estão, com isso, protegidas contra as drogas.

A resiliência na família liga os processos familiares aos desafios da vida. Um membro da família condenado, um filho drogado, faz com que ela enfrente crises. As causas podem ser diferentes, mas a resiliência na família, protegendo seus membros, poderá ser fortificada para as iniciativas adequadas a cada caso.

As Chaves da Resiliência na Família

Inspirado no título do livro de Molina Loza[92], usávamos o título "chaves" e percebemos que atualmente vários autores usam o mesmo termo para o processo de resiliência. São nove as chaves para a resiliência na família[85,147,156].

1. Dar significado para a adversidade

A visão da resiliência pode diminuir o sentimento de vítima na adversidade. Normaliza e coloca num contexto as desgraças e a adversidade. Mantenha um sentido coerente e as crises podem ser compreendidas e podem ter significado e, com isso, fazer as opções mais corretas. Conseguir explicações ou atribuir causas para: "Como pode isso acontecer?" e "O que pode ser feito?"

2. Esperança nos resultados

Esperança com pendores e tendências positivas para os resultados, com isso maior confiança no que está enfrentando e como está lutando e que irá superar os acontecimentos. Ter coragem e encorajar os outros na família para o esforço, focalizando o seu potencial. Domina e subjuga o possível e aceita o que pode ser mudado.

3. Flexibilidade nos padrões de organização

Abertura para as mudanças com flexibilidade. Passa por cima e se prepara para novos desafios. Mantenha estabilidade frente ao que está destruído, mantenha os outros membros da família numa continuidade, para que todos possam atravessar. Mantenha liderança firme e com autoridade para a proteção da família e orientação dos membros na família. Pode haver mudanças nas formas do relacionamento entre o casal, entre pais e filhos e entre irmãos. Fortificar a relação entre os pais. Quanto mais parceria equalitária na relação, mais forte ela é percebida.

4. Interações

O suporte mútuo entre o casal com colaboração e envolvimento mútuo permite aos filhos construir confiança. Independente da relação equalitária, cada um dos membros percebe que a decisão está firme mesmo quando um dos pais toma essa decisão. Respeito pelas necessidades de cada um, com os limites frente às diferenças de cada membro. Procura reatar. Fazer reconciliação nas relações com ferimentos. Os ferimentos entre os membros da família cicatrizam facilmente. A reconciliação proporciona o sentimento que tudo pode recomeçar. Interações prazerosas com humor e risadas quando possível.

5. Transparência

As mensagens devem ser claras sem subterfúgios, desvios ou escapatórias. Mensagens verbais e mensagens por ações. A liderança deve ser transparente, mas também seguida. Não significa que é justa para algum dos membros, mas clara. A verdade deve ser dita, explicando e clarificando informações ambíguas. Nas famílias há muitas omissões da verdade, invenções, fantasias e mentiras, por considerações individuais, e a liderança não transforma em julgamento e condenação.

6. Expressão emocional aberta

Se precisar chorar, chore; em qualquer idade e em qualquer situação. As emoções abertas e manifestas constroem escudo familiar. As emoções podem ser repartidas e compartilhadas: alegria e dor, medos e esperanças. A empatia mútua dos membros faz aceitar a expressão de todas as emoções. Evita culpas que são dificilmente suportadas. Culpar alguém não é desculpa para os outros. Assuma as próprias responsabilidades pelas emoções próprias, pelas atitudes tomadas e pelos comportamentos. O mau humor superado, ou compensado por outros momentos de bom humor, é colocado no cardápio da família.

7. Fontes econômicas conhecidas

Fazer economias e limitar gastos proporciona fontes de proteção para a segurança econômica. As entradas de dinheiro devem corresponder a trabalho ou investimentos conhecidos pela família. Economizar, aumentando a esperança no futuro, além da categoria financeira, torna possível investimentos de todas as categorias para serem alcançadas – como instrução, diploma universitário, formação profissional. Construir segurança financeira naquilo que a sociedade permite. Partilhar informações econômicas e confiar nas instituições econômicas aperfeiçoam escudo protetor em todas as idades. O trabalho balanceado e o esforço familiar para um trabalho resultam em fatores de proteção e fatores resilientes, em qualquer idade.

Trabalho remunerado, pequenos trabalhos de ajuda familiar, trabalho em benefício da comunidade, trabalho voluntário. O trabalho sempre é fator de resiliência para o ser humano, que não trabalha por determinismo genético e realiza as mesmas tarefas há 150 milhões de anos, como, por exemplo, as formigas ou abelhas, mas com criatividade em construir seu mundo.

8. Resolução de problemas compartilhada

Dar ao problema a dimensão certa para a resolução ser possível. Quebrar a cabeça quantas vezes precisar e voltar para a resolução. Fazer o enunciado de forma compartilhada facilita a resolução. Tomar decisões em conjunto; usar franqueza e sinceridade; negociar e fazer acordos; manter reciprocidade. Focalizar de forma compartilhada os alvos a serem atingidos, tomando o caminho certo com os passos adequados. Aprender com os erros e falhas e partir para construir com sucesso.

9. Fé e espiritualidade

Valores amplos e com propósitos definidos. Inspiração para novas possibilidades. A concepção sobre força maior, divina, abre novas perspectivas e fé nos propósitos, nas inspirações e na intuição que tem. Espiritualidade com suporte congregacional permite suportar crises e superar com recuperação. Confiando num ente superior, alcança-se maior significado no que realiza e constrói e pode crescer com a adversidade, sentindo que não tem somente a força dos homens, mas uma força superior a todos os homens.

15 A Comunidade Resiliente - Resiliência na Comunidade

Na era de planejamento ambiental, com proteção para centenas de espécies animais e vegetais que correm risco de extinção, destaca-se a importância de conservar a biodiversidade. Numa época em que nos preocupamos com os riscos de ruptura ecológica, aquecimento da atmosfera e com a poluição das águas, a construção de uma comunidade resiliente se torna importante para enfrentar a adversidade, as catástrofes da natureza ou ruptura do equilíbrio ecológico[25].

O enfoque sobre comunidade resiliente representa a mudança de paradigma médico conhecido. Significa a passagem do modelo médico tradicional centrado nas fraquezas e doenças para uma outra perspectiva, que estimula as potencialidades. A comunidade resiliente é uma transformação para a nova qualidade de vida e a longevidade do século XXI.

A capacidade de enfrentar, sobrepujar, sair-se bem e começar de novo, para a qual a comunidade resiliente aponta, modifica os componentes indispensáveis para o desenvolvimento das pessoas, independente do genoma e epigenoma.

O modelo é de desafio que cria forças na comunidade e melhora a qualidade de vida do ser humano. Podemos sair do modelo de riscos e só prevenir estes riscos, caminhar para o modelo de proteção, modelo resiliente e chegar num novo processo de vida. Os cuidados deixam de ser somente para o indivíduo e passam para sua inserção ecológica[17], no meio ambiente e na comunidade.

A família é a unidade celular da comunidade antes de pertencer à sociedade. As forças que a comunidade adquire dependem dos membros das famílias que a compõe. Famílias resilientes na comunidade facilitam a construção das forças da comunidade[85].

A comunidade representa as pessoas, os cidadãos, que participam em grupo de forma comprometida. Os interesses comuns e o destino comum do grupo podem ter diferentes formas de participação: *passiva* ou *ativa*, constituindo *comunidade passiva* ou *comunidade ativa*. O interesse primeiro pode ser geográfico. Um condomínio pode ser comunidade passiva onde só os gastos são partilhados, e feitos por convocação escrita. Pode tornar-se comunidade ativa se estimulada, por exemplo, um projeto para um jardim ou área de lazer comum.

Quando na atualidade falamos da comunidade internacional para combater o terrorismo, por exemplo, a localização geográfica deixa de ter a mesma importância. Quando falamos da comunidade de internautas, o espaço geográfico também não é importante.

A escola é uma comunidade ativa, onde as famílias podem participar como comunidade passiva quando não estimulada, ficando restrita às obrigações contratuais, que podem ser feitas por depósito bancário, e regulamentares de reunião com os professores uma vez em cada semestre de aula. Quando estimulada, a comunidade de pais pode colaborar de forma ativa. É a arte das possibilidades[156]. Estimuladas, as comunidades podem tornar-se resilientes. Um clube esportivo com comunidade ativa pode ser estimulada com o alvo de se tornar resiliente.

As comunidades ativas são as que propiciam maior escudo protetor para seus membros e neles desenvolve fatores resilientes. As comunidades religiosas e espirituais são as mais ativas e as mais resilientes.

Na adversidade, catástrofes da natureza, violência e discriminações mostram como essas comunidades têm força, resistência, resiliência com recuperação da comunidade e de seus membros[155].

Nenhuma comunidade pode levantar a bandeira de que ela é a resiliente. Somente na adversidade é que mobiliza fatores de proteção e resiliência. A força da comunidade ativa está em mobilizar continuamente seus membros para o processo de resiliência. Não significa que, por isso, seus membros possuem mais amor-próprio do que outras comunidades, ou que essas comunidades sejam mais ricas ou mais felizes que as outras.

Essa é função da sociedade, onde forças políticas, econômicas, religiosas, e outras, se polarizam em forças sociais e, essas sim, são capazes de causar bem-estar social, de enriquecer, trazer bem-estar econômico, amor-próprio e orgulho para os cidadãos e para as comunidades.

A CRIANÇA RESILIENTE E O PLANEJAMENTO COMUNITÁRIO

As crianças vivem sob risco e estresse crescentes nas comunidades. Terrorismo como a tragédia na escola da Rússia, exposição contínua à violência, vítimas de instabilidade econômica e aumento de abuso de drogas são os fatores de risco que mais precisam ser enfrentados na comunidade. Ao mesmo tempo, sabemos que o planejamento comunitário maneja com sucesso fatores de proteção para as crianças.

O planejamento comunitário obtém maior sucesso com as crianças do que com adultos e se torna mais importante do que nunca, porque desenvolve resiliência precoce nas crianças[25].

A mudança do paradigma da doença e fraqueza para saúde e força facilita intervir no ambiente para aumentar fatores de proteção. O planejamento se move em direção da aproximação colaborativa, que envolve crianças, adolescentes, famílias, escola e os membros da comunidade. Estes se tornam parceiros com participação em todos os níveis do planejamento: concepção, implementação, avaliação e melhorias.

O planejamento pode ser governamental, religioso, por ONG; nunca é por convite para todos. A força da comunidade não é convocada ou conclamada no grito, ela é gradualmente construída por blocos com a resiliência individual, e somente surge e cresce na adversidade[155].

AUTO-ESTIMA E COMUNIDADE RESILIENTE

A importância da comunidade resiliente no desenvolvimento da auto-estima implica atenção e cuidados especiais – que o promovedor de resiliência deve dar para a comunidade onde as crianças crescem, para que seja desenvolvida a auto-estima precoce[90].

As características da auto-estima são precoces e se conservam para a vida. São importantes para desenvolver processo resiliente em qualquer fase da vida. Auto-estima sadia se origina no ambiente constituído pela família, pela escola, pelos amigos e pela comunidade (*www.coping.org*).

O ambiente transmite mensagens de amor, de calor humano e cuidados, alcançando as necessidades de sobrevivência – comida, roupas e abrigo – proporcionando um sentimento de segurança e estabilidade na vida. Transmite ainda a aceitação de como a criança é. Reconhecendo que é um indivíduo com características próprias de personalidade, de habilidade e competência, percebendo-a como única e especial. Com boa comunicação a nível emocional, encorajando, premiando e limitando, permitindo assim autonomia pessoal.

A comunidade dá o suporte no reconhecimento e aceitação, respeitando a latitude das ações individuais, nos limites definidos pelo ambiente. A comunidade também fornece liberdade para auto-expressão dentro da estrutura, permitindo o indivíduo explorar ao máximo sua potencialidade.

A comunidade proporciona o desenvolvimento do apego, que é o fenômeno físico/emocional entre o indivíduo e o "outro significante" no ambiente, e que é necessário para o desenvolvimento da auto-estima sadia[21]. A pessoa com auto-estima[9]:

1. considera-se merecedora de ser amada e capaz de amar os outros, de ser cuidada e cuidar dos outros, de ser reconhecida, de ser ouvida e encorajada;
2. possui uma personalidade produtiva, obtendo sucesso nos relacionamentos familiares, com os amigos, na escola e posteriormente no trabalho e sociedade;
3. sente-se capaz de ser criativa, saindo-se bem na solução de problemas, ao enfrentar desafios e otimista nos resultados;
4. sente-se adequada. A percepção de si mesma se sincroniza com a imagem que dão para os outros;
5. é justa na avaliação própria. É capaz de declarar seus méritos e aptidões, bem como suas falhas e deméritos;
6. é capaz de assumir suas responsabilidades e conseqüências por seus atos. Não culpam os outros por seus erros e não usam subterfúgios como válvula de escape;
7. sabe da importância dos outros e se interessa pelos outros, sendo capaz de ajudar quando o outro merece;
8. tem habilidades para enfrentar e lutar. É capaz de colocar preocupações numa perspectiva correta;
9. tem aptidão para equilibrar seu tempo entre tarefas e lazer;

10. olha o futuro imediato e distante com entusiasmo, sentimento de aventura e otimismo;
11. está bem orientado. Sabe onde está, de onde veio e para onde vai;
12. tem apego fácil com os outros. Família, amigos, colegas de escola, vizinhos, namoradas, esposo/esposa e seus próprios filhos no futuro.

PILARES DA COMUNIDADE RESILIENTE

Segundo Suárez Ojeda[127], podemos identificar quatro pilares da comunidade resiliente conforme a seguir:

1. Auto-estima Coletiva

Por auto-estima coletiva entendemos essa atitude e sentimento de orgulho pelo lugar em que se vive. É a consciência das belezas naturais ou criadas pelo homem, a comunhão com os valores que o grupo social respeita. Desfrutar das condições ambientais como clima, sol, chuva, névoa; desfrutar das atividades recreativas e culturais. Ter satisfações por pertencer ao lugar e ao grupo com que compartilha os acontecimentos e os interesses comuns. As comunidades onde se observa elevada auto-estima coletiva têm maior capacidade de recuperação frente à adversidade.

2. Identidade Cultural

Por identidade cultural reconhecemos a persistência do ser social em sua unidade, conservando a "mesmeidade" através de mudanças e circunstâncias diversas. É um processo interativo que se alcança através do desenvolvimento e implica a incorporação de costumes, valores, danças, canções, mitos e ritos, que se transformam em componentes inerentes ao grupo. Isto outorga ao grupo humano ou social um sentido de mesmeidade e permanência que lhe permite enfrentar e elaborar as influências de culturas invasoras.

A cultura globalizada, invadindo mutuamente as sociedades, através da comunicação, não destruiu este pilar da comunidade resiliente. A tragédia russa, com o trucidar das crianças na própria escola, causa em muitas outras crianças transtornos pós-traumáticos de estresse. Essas crianças terão a longo termo, ansiedade, fobia escolar, somatização e psicoses que podem resolver-se em terapias medicamentosas e psicológicas. As crianças e os adultos afetados pela tragédia poderão superar a adversidade por serem resilientes.

Além das terapias precisamos planejar o desenvolvimento da resiliência no ambiente e na comunidade. Não é a "comunidade internacional" que poderá fazê-lo. O pilar da identidade cultural é que poderá desenvolver a força para ajudar a construir a resiliência. Ou desenvolve resiliência ou submerge em doenças mentais ou deliqüenciais.

3. *Humor Social*

O humor social corresponde ao humor individual como fator de proteção e de resiliência. É a capacidade de expressarem palavras, gestos ou atividades corporais os elementos cômicos, incongruentes ou hilariantes de uma situação dada, logrando um efeito tranqüilizador e de prazer[127]. As ditaduras sempre foram razão de piadas e chistes que faziam suportar o rigor do regime. Nesse sentido, o humor é uma estratégia de ajuste que ajuda a uma aceitação madura da adversidade comum, facilita certa distância da desgraça, favorecendo as decisões para resolvê-la. Ao destacar os elementos incongruentes e hilariantes da situação, promove um pensamento divergente que implica maior capacidade para encontrar respostas originais, soluções inovadoras e criatividade, mesmo durante o percurso da crise. O humor desmorona as convenções geralmente aceitas e coloca em dúvida os mitos que sustentam o falso orgulho da comunidade. A comunidade resiliente, com auto-estima coletiva elevada, não se sente insegura quando o cômico afeta os símbolos, os mitos, os ritos. Graças ao humor o sentido das proporções se revela, considerando o absurdo da exagerada gravidade frente aos problemas que a comunidade e seus membros precisam enfrentar[117].

4. *Honestidade das Autoridades*

Implica a existência de uma consciência grupal que valoriza o exercício honesto da função pública e que condena a corrupção de funcionários públicos. Ninguém se dispõe a oferecer um esforço solidário se não se confia em quem administra recursos destinados à reconstrução após enfrentar a adversidade. Os riscos da corrupção podem generalizar-se, mas os fatores de proteção da comunidade podem gerar as forças necessárias para construir lideranças, orientadas para a honestidade.

RESILIÊNCIA NA COMUNIDADE

Todos os trabalhos acompanhando comunidades em seu desenvolvimento resiliente começaram por projetos de países desenvolvidos para as comunidades dos países do terceiro mundo. Desde o projeto precursor de coortes[149-151] para comunidades em desenvolvimento, os projetos da Fundação Bernard Van Leer sobre comunidades espalhadas pelo terceiro mundo[57-59] promovendo a resiliência na comunidade e em outros projetos, os resultados favoráveis desta estratégia têm evidenciado a resiliência da comunidade como fonte importante para construir resiliência nas crianças e em suas famílias.

O medo atual no século XXI é que as comunidades não sejam resilientes o suficiente para lidar com novos desafios. É o chamado "sinal dos tempos" — um apelido que não é difícil de encontrar. Basta observar a pobreza e miséria que as comunidades enfrentam, sem conseguir se livrar do problema. O sistema educacional que não educa. A paixão pelo poder e o lucro que divide o poder dentro das comunidades. A concentração cada vez maior de riquezas entre poucos. O comando centralizado, criando periferias econômicas, étnicas, intelectuais.

Na adversidade, estas comunidades não demonstram resiliência e muitos se afastam, mudam para outras comunidades. Especialmente os jovens fazem a fuga nos primeiros empecilhos e na primeira eclosão de adversidade. A resiliência da comunidade depende de seus membros.

Fortificando a comunidade, aumenta-se a resiliência da comunidade. Quando os membros da comunidade se envolvem e ajudam a fortificar a comunidade, eles também se tornam resilientes. A boa nova é exatamente esta: quem trabalha com ações positivas para ajudar a desenvolver resiliência também desenvolve sua própria resiliência (*www.bernardvanleer.org*).

O melhor projeto para desenvolver sua própria resiliência é encontrar caminhos para fortificar a comunidade. Como as publicações são sobre resultados nas comunidades do terceiro mundo, alguns dos caminhos para fortificar a comunidade, como fazer reserva de água para época de secas, não se aplicam para outras comunidades (*www. justpeace.org*).

OS CAMINHOS PARA FORTIFICAR SUA COMUNIDADE

1. Envolva-se. Conheça sua vizinhança. Aproveite as associações da vizinhança – ou começe uma nova se não houver outra igual. Mantenha solidariedade com seus vizinhos.

2. Dê suporte às iniciativas governamentais. Dê suporte para prioridades de política comunitária em temas como segurança, lixo, água;
3. Envolva-se com organizações da sociedade civil. Sejam ações políticas, ações religiosas, ações cívicas. Participe de cooperativas que pode economizar para a comunidade ou prestar serviços. Uma cooperativa de cuidados com a criança pode desenvolver um serviço de *babysitter* ou um serviço de aulas de reforço para crianças que necessitam.
4. Fortifique instituições, como, por exemplo, banco de alimentos, com seu donativo e seu envolvimento pessoal.
5. Comprometa-se com a paróquia ou outras congregações religiosas. Estimule programas voluntários de visitas para doentes, para idosos, para viuvez, para recém-chegados. Ajude a preparar na paróquia "um plano de emergência".
6. Faça doação de livros para a biblioteca local.
7. Encoraje a vizinhança para catequese e evangelização, preparando as crianças para os ritos de cada religião. As festividades religiosas podem ser comemoradas em conjunto com convite para crianças e famílias com outra profissão de fé. Orações e cultos públicos devem pertencer a toda a comunidade e assim estimuladas.
8. Dê suporte a *links* entre associações e pessoas que cruzam as linha de vizinhança por etnias diferentes, raças diferentes, classes econômicas, classes culturais. Lembre que esta comunidade é a comunidade inteira, não só seu bloco, sua rua ou seu bairro, apesar de você ter começado aqui. Mas não sabe onde você vai estacionar e parar.
9. Pratique armazenamento de alimentos. Quantidades extras de alimentos que não são consumidos podem ser armazenados de forma que não requeira refrigeração. Em tempos de desemprego ou desemprego de outros membros da comunidade, o armazenamento pode ser útil. Em comunidades, que ficam isoladas por tempestades de neve, por tufões, por enchentes, o armazenamento pode ser aproveitado. É a prudência em países desenvolvidos, mas que pode ser vital em comunidades do terceiro mundo, onde o armazenamento é um fator de resiliência para a comunidade, como, por exemplo, o armazenamento de água.

10. Depósitos de água em vasilhames de plástico, conservados no escuro. A cada seis meses esvazie os vasilhames e os encha outra vez. Depósitos de água para higiene pessoal também podem ser úteis. Da mesma forma que o armazenamento de querosene, que é o combustível de menor risco para ser armazenado, pode tornar-se útil em tempos de crise de energia para a substituição de gás, energia elétrica, especialmente nos países muito frios. O exemplo dado é o de Quebéc, que isolada por um período extenso no inverno, precisou usar os armazenamentos.

16 Aproveitando o Período de Latência – Fase de Latência

A latência é o período que vai dos 5 ou 6 anos até o início da puberdade, e que marca um intervalo na evolução da sexualidade. Este período foi pela primeira vez descrito por Freud, marcando a dessexualização das relações de objeto e dos sentimentos, predominando a ternura sobre os desejos sexuais, o aparecimento de sentimentos como o pudor ou a repugnância e de aspirações morais e éticas[82].

Há uma intensificação do recalcamento – que tem como efeito uma amnésia que cobre os primeiros anos –, além da transformação dos investimentos de objetos em identificação com os pais e a um desenvolvimento das sublimações.

Freud fala de *período de latência* e não de *fase*, e que deve ser entendido do seguinte modo: durante o período considerado, embora possamos observar manifestações sexuais, não há, em rigor, uma nova *organização* da sexualidade.

Quanto ao desenvolvimento cognitivo, social, escolar e moral, podemos, de acordo com Piaget[105], considerar como fase pela continuidade de etapas anteriores, com o pensamento pré-conceitual, o pensamento intuitivo, o pensamento operacional com sua hierarquia, a socialização da inteligência individual, a cooperação, a inteligência operacional concreta e a inteligência operacional abstrata.

Nessa fase, que é longa, a sexualidade e seus conflitos dificilmente chegam no indivíduo na ordem do conhecimento e dos juízos lógicos. Há uma organização e um ordenamento para seus desejos, como os incestuosos por exemplo, e uma ética para seus sentimentos que rege as relações humanas. Há proibição para o incesto e estimulação para a exogamia. Isto permite que a criança desenvolva sentimentos de afeto, carinho e companheirismo para seus familiares e amigos.

A partir desse momento, os jogos com seus regulamentos passam a ser importantes; e também se aceita que o jogo é muito mais divertido se não há trapaças, mas às vezes não ganhar é terrivelmente duro. O prazer da criança então se dirige mais para o esforço, realizar tarefas, aprender tudo para que possa entender o mundo, as pessoas, as leis naturais, as leis do comércio entre os homens e tudo que possa valorizá-la frente aos seus pares da mesma idade, que adquirem nova importância. Elogios de amigos e colegas são mais importantes que a aprovação de pai ou mãe.

Nessa fase, desenvolve-se a compreensão do humor; piadas e chistes com as situações ridículas e mesmo dramáticas são usados como instrumentos de defesa e de ataque. Os apelidos para colegas, para vizinhos, para professores e outros adultos são perspicazes, traduzem um tipo de realidade e divertem. As proibições e a autoridade dos adultos são enfrentadas com humor e, com isso, não se sentem em dívida com os pais, mesmo quando eles cobram o sacrifício que fizeram ou fazem em função dos filhos.

Há um amparo interior, um apoio interno que o protege como um guarda-chuva, fazendo escorrer por fora os maus momentos, os momentos de crise e de dificuldades. Conseguindo superar esses maus momentos chegam a ficar arrogantes: "Eu não disse, eu não disse."

Nesse período, após a resolução do Complexo de Édipo a criança passa a reconhecer aquilo que não é próprio dela. O que está nela e o que está nos outros, fora dela, numa espécie de contraponto constituindo o total da personalidade. É capaz, assim, de fazer renúncias com repressões internas e externas. Portanto, é um período mais tranqüilo sem a eroticidade da fase anterior ou das fases posteriores.

Há a instauração da Lei; aceita mais o que é proibido e o que é permitido: o que pode ou o que não pode. E quando pode aceitar que algo não é possível, isso não é realizado de forma consciente, mas de forma inconsciente e esta fórmula se desenvolve de forma definitiva.

No inconsciente, mantém também questões secretas, especialmente afetivas. O período é uma verdadeira oficina de sentimentos, na maioria das vezes não direcionados. São situações inacessíveis, inabordáveis, que não se expressam nem se manifestam claramente.

Nessa oficina de sentimentos vai forjando a capacidade de amizade, de sentimentos de lealdade, de companheirismo. Surge um enamoramento à distância, em segredo, com alguém, que é sublime, mas que não é levado à prática e não confessado.

É o período em que a criança aprende isto de ir se confrontando com o outro, tomando posições próprias, ao mesmo tempo que comparte com o outro. É, como afirma Martin Buber, a fase mais fácil do ser humano se confrontar com seu mundo: "Então ele percebe que o Eu está contido no mundo, e que na verdade não há Eu, e, por isso, o mundo não pode prejudicá-lo, e então ele se tranqüiliza; ou então ele percebe que o mundo está contido no Eu, e que, afinal, não há mundo, e por isso ele também não pode prejudicar o Eu, o que tranqüiliza também."[21]

Nessa fase, a criança percebe uma imagem, mas pouco importa qual: ou o Eu está totalmente repleto de mundo ou o Eu está submerso na torrente do mundo, e ele se tranqüiliza. A criança, nesse período, também desenvolve sentimentos importantes de auto-estima[18a,51]. É um aprendizado, com poucas oscilações emocionais intervenientes, fundamentando a promoção da resiliência[18].

O início do curso primário é o momento da realidade em que está mais preparado para a aprendizagem, porque é quando aproveita todos os benefícios dessa realidade. A relação da criança com seu corpo torna-se tranqüila após ter passado por um constante fluir de sensações estranhas, de desejos e de voluptuoso erotismo. Neste período, a imagem do corpo infantil está configurada e possuem também uma imagem aceita dos adultos, dos corpos dos adultos e das características dos corpos dos adultos.

Há uma harmonia bem estabelecida, quando os impactos, as comoções e os desafios habituais da vida são bem enfrentados. Geralmente, suas relações com colegas e amigos estão medianamente bem plantadas para suportar reveses quando são razoáveis, mas não notórios.

Alcançando a imagem do próprio corpo com sua *identidade* e *individualidade* perdem a preocupação com este, porque está incorporado em si mesmo. Esta situação cria uma espontaneidade, conseguindo enfrentar sua aprendizagem com mais tranqüilidade e, qualidade, prevalecendo o aproveitamento intelectual e o desenvolvimento cognitivo.

O *período de latência* é a fase onde há o maior desenvolvimento intelectual, porque há uma detenção dos conflitos e das preocupações (por um tempo até longo) na vida do ser humano. O desenvolvimento cognitivo nessa fase é amplo e global. Não transita unidirecionalmente num único tipo de desenvolvimento, seja somente estético, físico, intelectual ou de informática.

O desenvolvimento que a criança tem nessa fase é bastante harmonioso; não se realiza de forma *unidimensional*, mas *multidimensional*. É a fase do desenvolvimento da fé e da religiosidade. É a fase da escolaridade fundamental. É a fase de desenvolver a cidadania.

PASSANDO ESPIRITUALIDADE, FÉ E RELIGIÃO

A idade escolar é a fase quando os fatores resilientes melhor se desenvolvem, especialmente quando os fatores de risco foram enfrentados e os fatores de proteção se desenvolveram. O *esporte*, o *humor* e a *criatividade* já foram fomentados e promovidos até esse período. Outros fatores resilientes são construídos com o aproveitamento dos fatores protetores.

Os fatores de resiliência são promovidos através da *transmissão da espiritualidade, da fé, da religião,* e *da educação da cidadania*, realizadas pela família enquanto a criança é pequena e completadas na fase de latência na escola (qualquer escola e não especialmente escola confessional). A escola se torna o ambiente mais importante na vida da criança, e nesse ambiente irá desenvolver os fatores de resiliência[9] e começar o processo de resiliência[72].

A Espiritualidade

As crianças são seres espirituais. Todas as crianças começam a vida com um sentido inato de milagre. O mundo que se abre é milagroso e maravilhoso[34].

A espiritualidade é a apreciação do milagre do mundo e a crença de que um ente superior é responsável por ele. Deus é o responsável e ele é tão capaz “como papai e mamãe”. Isto é inato, mas só se torna verdadeiro quando pai e mãe falam a respeito. Para a criança pequena, Deus tem uma voz, tem ações, olha e presta atenção no que a gente faz. Durante muito tempo, a criança não tem julgamentos a fazer, são abertas e aceitam.

Precisamos, desde a infância, cultivar a divindade milagrosa que está dentro da criança. Nutrindo a espiritualidade da criança, fazemos crescer a imagem de si mesma, passando a ter valor próprio pessoal e a pertencer, com os outros, ao mundo e ao seu Criador. Não importa a forma como os pais nutrem a espiritualidade, mas se transmitem algo em que acreditam e depositam sua própria fé. Pode ser por orações de agradecimento, de súplicas para novos milagres e para que as maravilhas se realizem.

Não existe perdão de Deus para as estrepolias, perdoar é uma ação clara dos pais e de outros adultos.

Em qualquer religião que os pais foram educados ou sentiram revelação de alguma Verdade, estarão nutrindo a alma e o espírito e não cuidando só do físico. A nutrição da alma facilita a construção de fatores protetores, mesmo que signifique a realização de um milagre. Crer, acreditar, perdoar em nome de Deus é a construção de escudo protetor importante para adquirir resiliência na vida.

Mantendo essas qualidades até a fase adulta a criança levará a vida com claridade, sem dúvidas, com segurança interna e contínuos investimento positivos para o futuro. As fontes bibliográficas sobre a espiritualidade da criança se encontram no *The Internatinal Journal of Children's Spirituality*, onde colaboram autores com diferentes tendências religiosas, e no *The Children's Spirituality Web Page* (*www.childspirituality.org*) com orientação cristã e editor Don Ratcliff.

Os pais devem transmitir, com tranqüilidade, aquilo que eles, pais, acreditam sem comentários. Todos os símbolos da crença devem ser transmitidos –, cruz, estrela de David, imagens de santos. Respeitar as festas religiosas junto com os filhos. Responder a todas as perguntas com a espiritualidade própria dos pais.

As palavras positivas alimentam a alma dos filhos – eles ouvem e acreditam. Palavras positivas podem dar esperança e abrir oportunidades[34], mas as palavras também são capazes de minar as esperanças e fechar as oportunidades. Nós, pais, somos o espelho para nossos filhos e mostramos através do exemplo, como a espiritualidade que nos guia nos momentos importantes da vida (*www.childspirituality.org*).

As crianças, além de ouvirem dos pais sobre a espiritualidade, devem aprender com os pais a celebrar o mistério e a maravilha do que acontece durante cada dia. Andar na chuva, aproveitar o sol, desenhar na neve, fazer esconderijo no mato. Comemorar com alegria o arco-íris, aplaudir o aparecimento da lua cheia e do pôr-do-sol; deitar na cama para dormir e ter sonhos.

Encorajar o filho a ter uma "conversa com o travesseiro" no pensamento, sobre as coisas boas e positivas que aconteceram. É momento de privacidade, momento íntimo, onde a espiritualidade pode ser exercida pela criança[22].

A FÉ

A fé é o mistério. É a partir da fase de latência que a criança completa o mágico, com argüições de forma operacional segundo Piaget[105]. As questões começam a ser colocadas em função da justiça, da moral, da ética, do pecado, da vida e da morte (*www.kevinfbates.com/reflections*).

Quando a criança pequena pergunta sobre a morte é para se garantir de que os pais não vão morrer. Na fase de latência, a criança se importa com sua própria morte. A morte é um mistério, como a vida também é. Não são as palavras dos pais que garantem sua vida, mas depende de força superior que precisa ser incorporada como proteção.

É a idade de rituais. As cerimônias de introdução na fé são bem aceitas e compreendias como atos de fé. A cerimônia da primeira comunhão, no catolicismo, e o batismo, em várias igrejas protestantes, que se dão nesta época, são momentos da realização da fé. O preparo para estas ocasiões com aulas de catecismo, escolas dominicais, preparo do judaísmo para o *Bar Mitzvá*, nos meninos de 13 anos (ou *Bat Mitzvá* que se dá aos doze anos), requer o aprendizado por palavras faladas e escritas sobre a comunhão com a divindade. É a fé e a crença que irão orientar os anos futuros da criança.

As palavras afirmativas dos pais e de outros adultos nutrem a alma da criança. Palavras positivas podem dar esperança e abrir possibilidades. Assim, palavras negativas com desinteresse e ambigüidades podem fazer perder esperanças. Como os pais são espelho para os filhos precisam mostrar com exemplos de sua fé no dia-a-dia. Na voz, nos gestos, na expressão, precisam mostrar para os filhos que o mundo é bom. Os medos podem ser enfrentados no mundo, com a fé. O mistério e o segredo que envolvem a fé se tornam a própria razão de ela existir.

A RELIGIÃO

É a prática. A religião é o compromisso entre a criança e o sistema que organiza a espiritualidade e a fé. A criança passa voluntariamente a agir de acordo com a comunidade de mesma fé, com seus programas instituídos, a liturgia. Passa a freqüentar a casa de sua religião: igreja, sinagoga, templo, mesquita, casa de orações, onde encontra a força necessária para sustentar sua espiritualidade e sua fé e se sente feliz com isso.

Pode questionar muitas vezes a razão de precisar cumprir os mandamentos de sua igreja, pode questionar a verdade de Deus[26], mas se sentirá fundamentado por sua fé no mistério e por sua espiritualidade.

Espiritualidade, fé e religião são alicerces importante para a resiliência na vida, para todas as questões do mundo. Assumir um Deus abstrato, que governa as religiões, precisa de uma participação voluntária do adolescente, junto com outros companheiros e amigos. Os mistérios da fé que não se rompem podem ser aproveitados para o compromisso com a religião.

A criança na puberdade ainda não é capaz de compreender a teologia abstrata que organiza e direciona a religião. As festas, os cultos, as celebrações, os ritos, que em idades anteriores significavam para a criança atos de fé com todas as emoções correspondentes, não têm mais os mesmos significados e não causam mais as mesmas emoções. Na fase de se engajar na religião, pode-se rebelar, ter dúvidas ou simplesmente escapar. Para que a religião seja gerada nesta idade, precisamos deixar que as crianças tenham suas próprias experiências, sem lhes oferecer um pacote feito, com respostas prontas para uma inundação de indagações. Deve haver maior negociação com o adolescente sobre suas convicções.

Enquanto a religião falar de outros lugares, como inferno, ou exigir aderência ou práticas e comportamentos antes que possam ser aceitos, o adolescente abandona a religião por falta de confiança. Os púberes e pré-adolescentes não aceitam nessa idade os tabus; não sentem mais o medo pelo qual a criança menor passa e não aceitam mais ameaças assustadoras ou castigos.

A manifestação da religião não é mais a criança se conformar com os rituais e mandamentos da hierarquia ou da burocracia. É mais do que isso: é alegria, é imaginação, é amor, é a verdade e isto vem do coração, da alma e não simplesmente da necessidade de se conformar ou para agradar. A religião deve estar presente na cozinha, à mesa diária, à mesa das comemorações; a religião deve ser passada junto com preceitos morais e éticos em que a família acredita[26].

O ponto inicial precisa ser a esperança, a aceitação e o sentido de que o mundo que temos, criado por Deus, é bom, é maravilhoso, e o bem maior neste mundo é o amor no qual o espírito humano pode crescer – Jesus já o disse, Lennon já o disse, Freud já o disse e Kevin Bates diz (*www.kevinfbates.com/reflections*).

EDUCANDO PARA A CIDADANIA

Cidadania tem origem grega e origem romana durante suas fases de República. Para os gregos, a cidadania significava a participação nos assuntos públicos da cidade. Para os romanos, significava a posse dos direitos de Roma.

Em seu vasto império, Roma concedia em certas cidades e províncias a cidadania, caracterizando alguns direitos ou todos os direitos romanos.

A seguir, na história humana não encontramos mais referência à cidadania. Em toda a História sempre houve súditos, vassalos, servos e escravos. Somente após a Revolução Francesa (1789) e a libertação de Virgínia (1776) é que a cidadania foi conquistada pela humanidade, sob a égide da *liberdade, igualdade e fraternidade* da Revolução Francesa e com o direito à felicidade da Constituição Americana.

Entendemos a cidadania como os gregos e romanos a entendiam, acrescida de sentimentos de liberdade, igualdade, fraternidade e felicidade.

Resiliência e Cidadania

O exercício da cidadania é transmitido pela educação: da família, da escola, da comunidade, da cidade, do país e pelo Estado. Em 2000[83] a Associação de Psicologia Americana (APA) publicou a orientação para preparar os adolescentes para uma cidadania responsável.

Os valores da cidadania se fundamentam na eqüidade, na coesão, na participação, na solidariedade, na igualdade complexa, nos direitos inalienáveis e na exigência dos direitos.

A construção da cidadania baseada em valores requer a conjunção de esforços em múltiplas direções por projetos de atuação política, de atuação educativa, de formação cívica e de desenvolvimento ético. O início da educação desses valores está na família. De acordo com Domingo[35] (2002), vamos mencionar antes os valores que podem ser educados pela escola, pela comunidade, pelo país e Estado, para depois analisarmos a educação na família.

Eqüidade

A eqüidade é o justo equilíbrio entre os direitos e deveres dos cidadãos. É a igualdade de oportunidades. Os dois exemplos melhores são da eqüidade, na justiça e a eqüidade na educação. Na eqüidade podemos ter vários circuitos para sua execução.

Na educação, o circuito de diversidade e eqüidade procura reconhecer o conhecimento acumulado e as experiências educativas inovadoras que procuram eliminar as barreiras que geram exclusão e desigualdade em educação; experiências estas que oferecem uma resposta adequada à diversidade de necessidades educacionais dos alunos que têm sua origem em diferenças sociais, culturais e individuais.

O circuito também procura oferecer conhecimentos sobre os fatores e estratégias que favoreçam a igualdade de oportunidades educacionais e o desenvolvimento de escolas inclusivas. Através dos documentos, inovações e análise das experiências que você pode compartir neste circuito, procuramos:

a. entender como a diversidade influi nos processos de aprendizagem e de ensino; as relações estabelecidas nas escolas e as representações que se constroem uns dos outros;
b. identificar as diversas formas de discriminação e exclusão nas escolas e a sua freqüência dentro dos processos de ensino e aprendizagem;
c. analisar as condições e os fatores que facilitem o desenvolvimento de escolas inclusivas;
d. identificar as dimensões e os aspectos a serem considerados nos processos educativos, para oferecer uma resposta à diversidade das necessidades educacionais que têm sua origem em fatores sociais, culturais e individuais;
e. identificar estratégias que forneçam elementos relevantes para eliminar as barreiras que geram exclusão e desigualdade na educação.

Coesão

A coesão é o relacionamento funcional entre os membros de uma comunidade, de um país ou entre diferentes países. A maior razão da coesão é o relacionamento econômico "fundos de coesão". É importante a coesão social.

O conceito de coesão social abarca o tratamento dos problemas relacionados com a pobreza, como a desigualdade e a exclusão, e promove a integração e a participação de todos na vida econômica e social. Para que se consiga uma maior coesão social deve-se favorecer:

a. crescimento e desenvolvimento econômico sustentáveis, no marco de uma integração regional, tendo por objetivo prioritário a redução da pobreza e desigualdades;
b. a credibilidade das instituições públicas para que possam criar um marco coerente que impulsione o desenvolvimento econômico;
c. ações prioritárias a favor dos setores sociais mais vulneráveis;
d. iniciativas para redução da dívida externa, vinculadas prioritariamente para a redução da pobreza.

Participação

A participação é um guarda-chuva que obriga todas as pessoas a tomarem parte em decisões. As decisões podem ser políticas, na informação e sociais. Temos assim a participação na comunicação, a participação social e a participação cívica.

A participação na comunicação requer a transparência na informação e confiança nas fontes da comunicação. A participação social reside na capacidade de os diferentes atores sociais se organizarem de modo a dar forma às ações que impliquem o pleno exercício da cidadania, e conseqüente melhoria da qualidade de vida. Constitui-se hoje em pré-requisito para o desenvolvimento.

A participação cívica promovida pode ser utilizada por todos. As possibilidades de participação cívica que podem ser utilizadas são as seguintes:

a. a atenção aos assuntos públicos que fazem parte da agenda política e de que os media dão conta;
b. a discussão dos assuntos de interesse público nos locais onde isso for possível;
c. o contacto com responsáveis governamentais, representantes políticos eleitos e/ou dirigentes partidários;
d. votar nas eleições e referendos;
e. trabalhar em campanhas;
f. fazer parte de associações cívicas (ONGs, associações de voluntariado, culturais, desportivas, de proteção do patrimônio ou do ambiente) e de partidos políticos;
g. participar nas reuniões das organizações a que pertencemos mais estreitamente (socioprofissionais, sindicais, cooperativas);
h. fazer circular e assinar petições, protestos ou reivindicações;
i. participar em manifestações pacíficas.

Solidariedade

A solidariedade mantém o sentido de mútua dependência e ajuda mútua. Entendemos hoje por solidariedade um modo de ser e nos compreender como seres humanos, que consiste em ser uns para os outros e assim chegar a estar uns com os outros. Abertos a dar e receber uns a outros e uns dos outros.

A solidariedade é primeiro uma realidade antropológica, sobretudo com dimensões éticas, econômicas e políticas que a caracterizam como um valor central para a formação das pessoas em cidadãos.

O valor da solidariedade adquire sua autêntica dimensão ética como imperativo moral, quando nos damos conta que todos nós somos interdependentes. Isto significa que, em nosso planeta globalizado, a humanidade toda tem que ser percebida como um sistema de relações econômicas, culturais, políticas e morais[27].

O valor da solidariedade aparece como um sentimento que tem muito a ver com a compaixão pelos outros, um sentimento firme que nasce da consciência de uma interdependência entre nós e os outros, entre a situação deles e a nossa[137].

A solidariedade tem muito a ver com gratuidade. É gratuito, porque a preocupação com o outro é inseparável da preocupação por mim mesmo; trata-se de uma preocupação por nós e por nossa situação ante os desafios do meio ambiente e ante as convulsões sociais.

O valor da solidariedade, quando é vivido por alguém, não é simplesmente um sentimento, senão também uma forma de ser com personalidade moral. Este é um fator resiliente, por se tratar de um modo de ser comum com os outros.

Igualdade Complexa

É a concepção da tolerância e da não discriminação[137,138]. Não se deve limitar a defesa da igualdade a uma única esfera, por exemplo a econômica, mas sim buscá-la em várias esferas, como da amizade, dos negócios, do amor, do lazer, da educação, da religião, da política.

Considerando as diferentes esferas de liberdade, a igualdade complexa é definida: em termos formais, igualdade complexa significa que a posição de nenhum cidadão em uma esfera ou em relação a um bem social pode ser minada por sua posição em alguma outra esfera, em relação a algum outro bem.

A igualdade real perseguida se efetivará na aplicação da justiça com eqüidade. Definida esta, a realização de justiça como "igualdade complexa", considera sua variação conforme a esfera de comunicação a que se refere o tratamento igual/desigual. Para isso, busca-se sistematizar uma concepção de igualdade, segundo a qual os seres de uma mesma categoria devem ser tratados da mesma forma.

É a forma de neutralizar as desigualdades no âmbito do exercício dos direitos, igualando as condições desiguais, levando em conta a diversidade de valores, interesses, crenças e etnias no mesmo espaço social e político.

Quando consideramos a tríade liberdade-igualdade-fraternidade ela é tipicamente complexa, porque estes três termos complementares são igualmente antagônicos. Além disso, eles inscrevem-se todos numa lógica política diferente: a liberdade pode ser assegurada por Constituições e instituições; a igualdade pode ser mais ou menos determinada por decretos e leis; mas a fraternidade não pode instituir-se ou decretar-se.

Direitos Inalienáveis

Todos os seres humanos nascem com direitos inalienáveis. São os direitos fundamentais. Estes direitos capacitam as pessoas a buscarem uma vida digna — sendo assim, nenhum governo pode conferi-los, mas todos os governos devem protegê-los. A liberdade, construída sobre uma base de justiça, tolerância, dignidade e respeito – independentemente de etnia, religião, convicção política ou classe social – permite que as pessoas busquem esses direitos fundamentais.

Enquanto as ditaduras negam os direitos humanos, as sociedades livres lutam continuamente para alcançá-los. Os direitos humanos são interdependentes e indivisíveis; englobam inúmeras facetas da existência humana incluindo questões sociais, políticas e econômicas. Entre as mais comumente aceitas estão (*www.usinfo.state.gov*):

a. todas as pessoas devem ter o direito de formar a sua própria opinião e de exprimi-la individualmente ou em assembléias pacíficas;
b. todas as pessoas devem ter o direito de participar no governo. Os governos devem criar leis que protejam os direitos humanos, enquanto os sistemas judiciários as apliquem igualmente à toda a população;
c. estar livre da prisão arbitrária, detenção e tortura – quer a pessoa seja um opositor ao partido no poder, quer pertença a uma minoria étnica ou seja um criminoso comum – é um direito humano fundamental. Uma força policial profissional respei-

ta todos os cidadãos enquanto faz com que sejam cumpridas as leis do país;

d. em países com diversidade étnica, as minorias religiosas e étnicas devem ser livres para usar a sua língua e manter as suas tradições, sem receio de recriminação por parte da maioria da população. Os governos devem reconhecer os direitos das minorias, respeitando ao mesmo tempo a vontade da maioria;

e. todas as pessoas devem ter a oportunidade de trabalhar, ganhar a vida e sustentar a sua família;

f. as crianças merecem uma proteção especial. Devem receber pelo menos a educação primária, alimentação adequada e cuidados de saúde;

g. para manter os direitos humanos, os cidadãos, numa sociedade livre, têm que estar vigilantes. A responsabilidade do cidadão – através de várias atividades participativas – assegura que o governo se mantenha responsável perante o povo.

Direito de se Tornar Resiliente

É importante ter o direito de se tornar resiliente. Tão importante que teremos o capítulo 18 dedicado a este direito.

A Família e a Educação dos Valores da Cidadania

Todos os valores da cidadania são inicialmente educados na família[42] *www.uvigo.es/consumoetico/carmenpereirappersonal.htm#actividades_academicas*) quando começam como fatores de proteção e se desenvolvem para fatores resilientes.

A Identidade e a Autonomia

A identidade pessoal se articula sobre três eixos:

1. pertencer por nascimento à cultura de um povo. É a forma em que a história de um povo configura a seus membros, dotando-os de significados e valores. O idioma, os costumes, os direitos, a religião, a arte, a economia, as práticas sociais, as práticas morais. São os ingredientes que conferem à vida biológica de um indivíduo, sua forma biográfica, sua condição concretamente humana. A família se torna a agência especializada de reprodução desses valores e significados;

2. consiste na definição de si mesmo que o agente humano elabora no curso de sua vida;
3. o terceiro eixo é que os outros o reconheçam por sua identidade. Em especial as pessoas que lhe importam e lhe ajudam a se definir.

O segundo e terceiro eixos dependem da relação pais-filhos. Vamos considerar em primeiro lugar como algumas formas de relacionamentos podem prejudicar a construção da identidade pessoal:

a. os pais autoritários mostram um alto nível de controle e disciplina sobre os filhos. Impõem as normas de conduta e prestam pouca atenção às necessidades das crianças. As conseqüências no filho são: a formação de uma identidade pessoal conformada com as regras estabelecidas e impostas de cima; pouca iniciativa; dependente de controle externo; deficiências para se adaptar a novas experiências, a novas situações e a novas estruturas, dificultando no futuro o exercício da cidadania;
b. os pais permissivos tendem a exercer pouco controle sobre seus filhos e fazem poucas exigências sobre a conduta correta e madura esperada. As conseqüências são: a formação de uma identidade pessoal insegura; pouco sentido de responsabilidade; incapacidade de estabelecer objetivos próprios. Têm a construção da cidadania perturbada por dificuldades em gerar condutas adequadas;
c. os pais indiferentes e omissos se caracterizam por baixo nível de afeto e um baixo nível de controle sobre seus filhos. O apego é escasso e tem uma indiferença sobre as normas a seguir;
d. os pais que infantilizam os filhos, deixam as crianças com caprichos para a vida, sem iniciativa e sujeitos a influências da mídia, ao exagero do consumo, submetidos à panfletagem do momento. Não assumem e não percebem o que assumir. Mantêm "eu não sou culpado" e "isto não é da minha conta" nas diversas fases da provável cidadania[138].

Consideramos família que favorece a cidadania aquela que mantém uma relação familiar no estilo democrático. É o estilo democrático da relação familiar que combina o afeto e a satisfação das necessidades dos filhos com a firmeza na hora de cumprir as pautas e as normas de conduta. Mantém um núcleo básico de pautas e normas que é negociado, renegociado, novamente negociado e novamente renegociado segundo as circunstâncias e a maturidade dos filhos. É o uso coerente da autoridade com a educação da disciplina.

As respostas da conduta devem tornar-se apropriadas para as pessoas que os rodeiam e as demandas sociais. Quando cumprem, recebem reforço correspondente e, quando não cumprem e desobedecem as normas básicas, são corrigidos, explicando a razão lógica da correção.

Assim, as crianças se tornam capazes de compreender a si mesmas e a definir continuamente sua identidade pessoal, adquirindo a capacidade de pensar por elas mesmo, defender o que pensam e capacidade de participar dos assuntos que lhe dizem respeito.

A identidade pessoal dos filhos não é construída no isolamento, mas na discussão e negociação de contratos em diálogos abertos, e às vezes internos e não tão abertos. Acabam encontrando sua própria verdade, que democraticamente não precisará ser, à medida que crescem, a mesma verdade dos pais.

Dignidade e Ética

Dignidade é a característica da cidadania que ganha o respeito dos outros pelas ações que realiza. O suposto subjacente da dignidade é que todas as pessoas, quaisquer que sejam suas condições individuais, culturais, religiosas e econômicas, compartem a mesma capacidade de encontrar a verdade por si mesmas e a capacidade de dirigir sua vida dentro de um código de ética coerente.

Através da expressão kantiana que "cada ser humano tenha dignidade e não preço", mantêm-se os princípios morais respeitados pelos outros seres humanos, porque implicam uma coerência que todos aceitam.

A criança criada e educada no seio familiar precisa ser reconhecida em sua identidade pessoal e precisa aprender a reconhecer a dignidade das pessoas de sua família, mesmo em seus ancestrais, para aprender o valor da dignidade, e incuti-la em seus atos, de modo que permita ter consideração pelos outros.

Na convivência pluralista em que nós nos relacionamos, procuramos e encontramos a dignidade dos outros e precisamos que reconheçam nossa própria dignidade.

Promete-cumpre. Em casa na família, na escola, no grupo companheiro, na comunidade e na convivência política. É a educação fundamental para uma ética civil.

Independência e Liberdade

A independência do ser humano lhe confere a capacidade de usufruir do sentimento de liberdade. A liberdade é um conceito complexo que nunca alcançamos na totalidade. O "sentimento de liberdade" é que pode ser atingido e usufruído[65].

Na família, a independência é conferida à medida que os filhos alcançam maturidade suficiente. Precisam saber que irmãos mais velhos e pais têm maior independência. A educação para este valor de cidadania é o reconhecimento dos graus da própria independência.

O processo não pode ser acelerado, porque o processo de maturidade também não é acelerado, ele tem etapas próprias e contínuas. O filho pode ter acelerado o crescimento físico, tanto em altura como em largura, o que não acontece com a maturidade. Crianças excepcionalmente inteligentes não apresentam maturidade mais acelerada que os outros.

Na convivência familiar democrática, os filhos não devem tornar-se submissos ou dependentes. A independência, permitida e educada, pode trazer felicidade relacionada com o sentimento de liberdade. A felicidade também é um conceito complexo (e parece que jamais alcançado), mas pode ser usufruída em cada etapa do amadurecimento com o "sentimento de felicidade".

Independência, sentimentos de liberdade e sentimentos de felicidade são geralmente usufruídos no exercício da cidadania. Filhos pequenos sentem felicidade com pouco. Precisamos marcar os momentos de prazer e felicidade durante a educação na família para ser reconhecida durante todas as etapas do processo da maturidade. Independência, liberdade e felicidade são fatores de resiliência de extrema importância.

Solidariedade e Auto-estima

Na família, a educação da solidariedade tem a ver com consumo e qualidade de vida. Na era industrial, o consumo foi aumentando de forma gradual; e na era robotizada, da informática, tornou-se um verdadeiro distúrbio social – o consumismo[27].

O consumo social segue padrões básicos: consumir para sobreviver, para adquirir educação e cultura, comodidade, êxito social e para melhorar qualidade de vida. A melhora da qualidade de vida consome cada vez mais e de forma prevalecente serviços – prestação de serviços. No restante do consumo, são mercadorias – *commodities*, cada vez mais caras, especialmente quando entra no distúrbio do consumismo.

Para o ser humano, o consumo é uma das principais fontes de construção de sua auto-estima. É talvez a necessidade emocional mais básica do ser humano e só pode ser comparada ao amor, que é a necessidade maior[81,124].

A educação feita com amor constrói também a auto-estima nos filhos, fazendo o equilíbrio no consumo e tornando-o adequado, porque aprende que no mundo há necessitados.

Com a maturidade, passa a reconhecer o valor da solidariedade, fonte da construção da auto-estima. A criança pode ganhar um brinquedo caro, porque os pais ou avós assim entendem, mas em sua educação já foi mostrado que não deve destrui-lo e no dia depois de usar, e não precisar mais, sempre tem alguém que precisa e pode ganhar este brinquedo.

Assim também com o vestuário e com outras mercadorias. Dar para alguém que precisa, doar para necessitados, saber que existem necessitados no mundo desenvolve desde cedo o valor da solidariedade.

Mais importante ainda é aprender que prestar serviços para quem precisa é mais importante que doar. Crianças engajadas como voluntárias para serviços na vizinhança, em comemorações, em paróquias, crescem com auto-estima. A solidariedade depende de voluntariado para servir à comunidade especialmente na adversidade.

Em furacões, em abalos sísmicos, em inundações, em acidentes, em incêndios, em ataques terroristas, é sempre a ação de voluntários em solidariedade que é capaz de estimular a resiliência necessária para a recuperação e reconstrução.

Responsabilidade

A matriz de toda a responsabilidade está na responsabilidade dos pais por sua cria. É a obrigação de responder por seus atos. O objeto da responsabilidade dos pais é o filho em sua totalidade e em todas as possibilidades e dimensões.

A responsabilidade dos pais tem que ver os filhos como pessoa que estão desenvolvendo-se e esta relação tem um limite, que corresponde à determinada maturidade a partir da qual é capaz de responder por seus atos e pelas conseqüências. É quando os pais consideram que o filho passa a ser responsável por si mesmo.

Na cultura atual, com poucos filhos por família, os pais ainda podem ajudar, mesmo quando os filhos chegam à maturidade necessária e já são profissionalizados, os pais ainda assumem algumas responsabilidades, especialmente financeiras[137]. Na ajuda, não significa que o filho não é adulto suficiente. É adulto, com autonomia, independência e responsável por se autodeterminar, e os pais não devem cobrar qualquer ajuda.

O valor da responsabilidade pode começar na família, mas se estende para a comunidade. A forma de os pais transmitirem a responsabilidade se completa com exemplos e modelos. Os pais que têm participação responsável na comunidade dão o exemplo e geram o modelo[35].

A responsabilidade é participativa com a comunidade quando os pais caminham junto e decidem que caminho tomar e para onde se dirigem. A responsabilidade assim transmitida na família é feita por ações que têm a possibilidade de estabelecer ao futuro um sentido e um significado concreto.

Na adversidade, a responsabilidade nos indica se o sentido e o significado devem ainda ser perseguidos ou modificados. Assim como no valor solidariedade, quando damos para as crianças pequenas tarefas voluntárias, a responsabilidade pode ser cobrada nas mesmas tarefas com o diálogo: assumiu-cumpriu, e a responsabilidade faz cumprir.

Parafraseando Hannah Arendt, que disse: "O ato mais pequeno, nas circunstâncias mais limitadas leva à semente da colheita."

17 Educação Resiliente e Resiliência na Escola

Todas as escolas sempre fomentaram a resiliência. Todas as escolas promoveram a resiliência para poucas crianças. Escolas boas e escolas ruins. O desastre é não ter escolas para crianças na fase de latência, como acontece nos países do terceiro mundo e em muitos dos países em desenvolvimento.

As escolas sempre foram e continuam sendo os ambientes onde os professores e as crianças convivem, conversam e os alunos praticam jogos e brincadeiras nos recreios, nas comemorações junto aos professores, aos vigilantes, aos supervisores e diretores. Os alunos aprendem e trabalham e com maior dedicação, para os professores de quem têm alto conceito e que gostam[9]. Esta convivência com os mais diversos programas, ideologias e ambientes físicos é a melhor e a única oportunidade para a resiliência se desenvolver.

EDUCAÇÃO RESILIENTE

Repetimos que a resiliência pode ser promovida em qualquer idade, mas com eficácia maior para os que pelo menos freqüentaram a escola fundamental. A educação resiliente não é um “programa” nem uma "estratégia", muito menos uma "terapia"; é uma maneira de ser dos profissionais e uma maneira de se relacionar com alunos e estudantes, com as famílias e entre si.

Duas questões são propostas para a educação resiliente. A primeira é se as escolas que não conhecem resiliência são capazes de fomentar ou promover resiliência. Vários estudos de coortes confirmam que em diferentes épocas e em diferentes culturas as escolas promoveram educação resiliente[91]. A segunda é se as melhores escolas promovem maior resiliência. Vários estudos de coortes confirmam que, nos bairros onde há melhores escolas consideradas e conhecidas pela comunidade, os formados têm melhor desempenho na cidadania.

Com maior conhecimento sobre fatores protetores na escola, a resiliência pode ser mais difundida e propagada permitindo que a futura avaliação das escolas seja centralizada na resiliência, além da didática.

Na construção da resiliência na escola, Benard[9] propõe um paralelismo com a construção da resiliência na família – os professores e a administração têm que se preocupar com suas tarefas e o destinatário, favorecer a auto-estima e a autonomia, estimular a capacidade de resolver problemas, manter um ambiente de afeto e de humor, e transmitir bom ânimo para enfrentar estresse e adversidade[20].

Os fatores protetores na educação ocupam as mesmas três categorias da construção dos fatores protetores na família: relacionamento protetor, expectativas elevadas e oportunidades de contribuir com outros[8].

Relacionamento Protetor

O relacionamento protetor tem a finalidade de cuidar do aluno em desenvolvimento. O processo educacional requer envolvimento mútuo, respeitoso e participativo. O alvo determinante do relacionamento educacional é se o aluno estuda, se os pais estão envolvidos na educação do filho, se o programa ou estratégia é eficaz, se uma mudança educacional se sustenta e, especialmente, se o jovem sente que tem seu espaço na comunidade escolar.

Segundo Werner[149], as crianças resilientes sempre apontaram para a importância de um professor favorito que acreditava neles pessoalmente e ensinavam muito bem. Professores que proporcionavam bom suporte acadêmico e emocional eram os que obtinham maior produtividade dos alunos e se tornavam os favoritos de alguns[151].

O professor precisa ouvir e ser ouvido, transmitir respeito e dignidade e acreditar que os alunos estão dando o máximo, segundo seu desenvolvimento e circunstâncias. A educação é altamente desgastante e estressante, mas o professor precisa manter seu estado emocional estável para inspirar segurança.

A estrutura educacional deve dar apoio aos profissionais e ajudar a manter o sentido de comunidade nos suportes que fornece. Não são recursos econômicos, mas recursos humanos que educam conhecimento, respeito, relacionamento convidativo e que criam um ambiente ao qual todos pertencem e onde crianças aprendem, crescem e se tornam resilientes[10].

Expectativas Elevadas com Suporte Adequado

As publicações de Rutter[112] e outros que lhe seguiram[113] confirmaram que as escolas que transmitiram expectativas altas para seus alunos obtiveram taxas mais altas de sucesso acadêmico e taxas mais baixas de distúrbios de comportamento, considerando que a atitude da escola era resiliente.

Consideramos que a educação com altas expectativas é resiliente quando o suporte é adequado. A combinação de expectativas elevadas com suporte capacita o estudante a acreditar em si mesmo, com auto-estima, auto-eficácia, autonomia e com visão otimista no futuro[51].

A educação resiliente encoraja o aluno para se esforçar nas tarefas, para sentir sua competência e adquirir maior autoconfiança: estudou – aprendeu, estudou – tirou notas altas, estudou – progrediu.

A estrutura escolar deve fundamentar-se em ética e tornar bem clara a elevada expectativa na educação. Os currículos temáticos, com experiências, compreensivos e desafiadores, tendem a engajar os alunos no processo de aprendizagem. São especialmente importantes as atividades que estimulam a compreensão do estudante sobre perspectivas múltiplas.

Os estudantes acolhem melhor perspectivas diferentes das suas quando se sentem desafiados. Os programas devem seguir os interesses dos alunos, desafiar para que se esforcem para corresponder e sentir que são ouvidos[20].

A educação resiliente com grupos heterogêneos, que é o fato contemporâneo em todas as escolas, deve torná-los cooperativos, fazendo com que tenham o sentido de responsabilidade compartilhada, propiciando o sentimento de que pertencem a um mesmo projeto continuado com oportunidades pertencentes a todos.

O suporte direciona sobre solução de problemas, reflexão, crítica e especialmente diálogo[18]. A educação resiliente também conta com grupos com inteligência múltipla e criatividade diferenciada. O suporte direciona para a auto-reflexão do grupo com diálogos sobre forma de avaliação justa, sem priorizar a competição.

A forma de pensamento dos alunos também é heterogênea. O suporte faz reconhecer que os processos de pensamento influenciam o humor, as crenças e os comportamentos, alguns mais motivados e outros sem motivação. O direcionamento é que não se submetam a crenças negativas e destruidoras, que podem causar medos e falhas. Além disso, o diálogo sobre a forma de avaliação de pensamentos positivos e negativos pode salientar que o professor é que transmite pensamentos negativos e a falta da motivação.

Oportunidades de Contribuir com os Outros

Do mesmo jeito que os jovens têm necessidade de contribuir e se sentir úteis na família, eles também têm necessidade de oportunidades para ter envolvimento significativo na escola. A educação resiliente cria boas práticas para estas oportunidades[20]:

a. fazendo questionamentos que encorajam pensamento crítico e diálogo;
b. fazendo o aprendizado mais artesanal e manual;
c. fazendo o estudante participar do planejamento curricular;
d. fazendo o aluno participar das estratégias de avaliação;
e. fazendo os alunos dirigirem as normas dentro da classe;
f. aplicando aproximações com grupos cooperativos: grupo de estudos, de trabalhos, de suporte, de ajuda para crianças menores, de serviço comunitário;
g. criando grupo de prevenção de saúde;
h. criando grupo de esclarecimento político;
i. criando grupo de esclarecimento econômico.

OS PROFESSORES E A EDUCAÇÃO RESILIENTE

A visão dos professores sobre a promoção de fatores de proteção e resiliência na escola ainda foram pouco pesquisadas.

Nos cursos de formação para o magistério não há programas sobre resiliência, ou sobre a importância dos professores na promoção da resiliência.

A maioria dos estudos por questionários, com professores em todos os níveis de ensino, evidencia que eles consideram a resiliência como fator biológico ou desenvolvida precocemente pela família. Sua concepção é mais centralizada no empenho e esforço do aluno na produção acadêmica, resultando em sucesso na vida, do que nos relacionamentos dinâmicos e na qualidade do ambiente escolar.

Numa pesquisa realizada em 2001, na Austrália, sobre priorização da promoção de fatores de proteção na escola, Murray Oswald, Bruce John e Sue Howard (*www.aare.edu.au*) encontraram a visão dos professores sobre educação resiliente e resiliência na escola. Organizaram um questionário distribuído para 1.110 professores.

O questionário correlacionava os cinco fatores protetores-chave para a construção da resiliência, com as oito pricipais características da criança resiliente[7,8]. Os fatores de proteção foram:

- a família;
- a escola;
- a comunidade;
- os amigos;
- predisposições individuais;

As oito características escolhidas da criança resiliente foram:

- mantém relacionamentos estáveis com amigos;
- possui habilidades em solucionar problemas;
- considera com realidade planos futuros;
- tem um senso positivo de ser capaz de lidar com obrigações e tarefas;
- sente sucesso em uma ou mais áreas de sua vida;
- capaz de se comunicar;
- mantém bom apego pelo menos com um invíduo adulto;
- sente responsabilidade por seu comportamento.

Nos resultados obtidos encontraram três tipos de visão dos professores:

1. aceitam e acreditam que certas qualidades de personalidade e força que as crianças possuem permitem que se tornem resilientes;
2. reconhecem o papel do ambiente familiar na contribuição do desenvolvimento da resiliência em seus filhos e valorizam a escola;
3. são dados a desvalorizar seu papel potencial ou atual que possam ter – quer como indivíduos, quer como suas escolas, quer como instituições que cuidam – em relação à capacidade de proporcionar fatores de proteção para a construção da resiliência nos estudantes.

Os resultados evidenciam diferenças entre professores e professoras. Os professores acham, em sua maioria, que a contribuição está em exortar seus alunos a se dedicarem e trabalharem mais, ou em dar recomendações práticas para solucionar problemas que aparecem. As professoras parecem mais predipostas a ouvir seus alunos, cuidar com suporte e conselhos; mostram empatia e reconhecem qualidades que facilitam a resiliência.

As cinco prioridades dos professores foram: 1. encorajar a trabalhar com afinco; 2. ajudar na solução de problemas; 3. incentivar esportes; 4. encorajar atitudes positivas; 5. discutir preocupações.

As cinco prioridades das professoras foram: 1. encorajar a trabalhar com afinco; 2. ajudar na solução de problemas; 3. discutir preocupações; 4. encorajar atitudes positivas; 5. desencorajar culpas.

Em geral, os professores não aceitam que são "o outro" e não se sentem capazes em proporcionar "mecanismos protetores" para as crianças em risco.

A RESILIÊNCIA NA ESCOLA

Diferente da educação resiliente, a resiliência na escola é fomentada e promovida segundo planejamento de estratégias e projetos, que podem ser individualizados dependendo dos fatores de risco que a criança apresenta.

A escola por si já é um escudo protetor construído por várias fase de desenvolvimento de fatores de proteção que proporciona.

Para a escola construir resiliência na idade escolar precisa haver interação entre fatores de proteção da família e fatores de protecção da escola. A família precisa manter interação com a escola e a escola servir para constuir escudo protetor, mantendo ligação com a família. Esta interconexão pode atualmente ser feita por e-mail ou celular. No entanto, continua essencial a presença dos pais na escola, porque é importante para os filhos que os pais conversem na escola com a professora, com o supervisor, com a orientadora, com o diretor ou com todos juntos (Tabela 17.1).

ENTRADA NA ESCOLA – ESTRATÉGIAS PARA PROMOVER FATORES PROTETORES NA VIDA ESCOLAR

Os quatro mitos de Sylvia Rockwell[110], que *rejeitam* desenvolver o escudo protetor e a resiliência na idade escolar, continuam presentes. Para iniciar um projeto de resiliência na escola estes mitos devem ser *rejeitados*.

1. Mito da Pré-determinação: diz que as crianças não são capazes de escapar dos ciclos de violência, pobreza ou falhas, que caracterizam a vida dos pais, dos membros da família ou dos membros da comunidade;
2. Mito de Dano Irreparável: diz que desde muito cedo as crianças estão condenadas a não ter sucesso na vida pelas condições precoces de carências irreparáveis, como carências protéicas ou carências emocionais;

Estes dois mitos não consideram a força que a criança poderá receber ou a força que poderá ter para escapar e dar a volta por cima, e, além disso, fazer o prognóstico precocemente pode ser perigoso.

3. Mito da Identidade: previne para não se ocupar com crianças de alto risco, mas investir nas que têm talento;
4. Mito de que em Definitivo Isto Não Tem Importância: diminui a compaixão dos seres humanos, favorecendo somente a profissionalização fria e distante.

Estes últimos dois mitos precisam ser *rejeitados* por desprestigiar a humanização da educação, buscando robotizá-la. Precisamos relembrar que, fornecendo um ambiente adequadamente facilitador, os seres humanos têm a capacidade para mudanças positivas e de desenvolver pelo menos algumas características de resiliência durante sua vida[10,151].

Idade da Escola Fundamental

É o projeto mais importante para o desenvolvimento do processo de resiliência. *Educação resiliente* e *resiliência na escola* completam as fases de todos os fatores necessários para o processo se iniciar:

- manutenção de baixos níveis de conflito. Nas famílias divorciadas é mais útil que terapia;
- encorajamento para desenvolver ou adotar estilos cognitivos de pensamento;
- construção de capital social;
- lar satisfatório, com ligações entre a família e a escola para não faltar aos pais em sua habilidade de parentalidade, desengajamento do processo educacional;
- tolerar e valorizar na entrada da escola, características culturais diferentes;
- suporte ativo de fontes externas, incluindo mentores, nos casos onde há riscos de desenvolver padrões anti-sociais ou comportamento criminoso.

Tabela 17.1
Interação Família-Escola

Fatores Protetores na Família	*Ligação Família-Escola*	*Fatores Protetores na Escola*
	NA PRÉ-ESCOLA	
Cuidados físicos e de saúde	Desenvolver ligações de relacionamento	Desenvolver sociabilidade e criatividade
Amor, calor e aceitação	Fazer parcerias, dividir responsabilidades	Proporcionar oportunidades de criatividade por visitas junto com familiares
	NO CURSO PRIMÁRIO	
Atitudes positivas para educação e escola	Respeito mútuo pelas tarefas	Orientação, facilitação, reforço
Atitudes para desenvolver autoconceito e auto-disciplina no aprendizado	Partilhando o conhecimento sobre valores e crenças	Desenvolve vínculo e apego com os colegas através de estudo em grupo
Participação significativa e responsabilidade nas tarefas e nos compromissos	Ligação continuada, acompanhando progressos e falhas	Oportunidades para participação significativa e assumir responsabilidades
Assistência nas lições e supervisão dos progressos, com expectativas futuras	Ligação, dando força para a escola e recebendo força dos professores e da escola	Progressos acadêmicos apropriados e expectativa contínua

Fatores de Risco

- Prevenidos: reconhecendo os cenários onde os riscos podem ocorrer conseguimos faz um projeto preventivo para promover fatores resiliente ou o processo de resiliência[153].
- Neutralizados: conhecendo o histórico e a dinâmica dos cenários, podemos neutralizar os efeitos traunáticos[154].
- Superados: acompanhando o mundo dos cenários a escola pode ajudar a superar os riscos[152].

Fatores Protetores

- Fomentados: a escola é o melhor cenário onde os fatores protetores em geral podem ser fomentados.
- Promovidos: nas crianças de alto risco podem ter na escola a promoção de fatores protetores[151].
- Difundidos por programas como os da mídia.

Os Fatores de Risco Mais Graves já Existentes na Entrada da Escola

A escola deverá encaminhar, após o estudo dos cenários para intervenções médicas, terapias psicológicas e acompanhamento social para as famílias buscando dar forças de resiliência a elas[147].

- Abuso sexual pregresso.
- Maus tratos.
- Aids na família.
- Álcool e drogas na família.
- Crimes na família.
- Prisão de um dos pais.

Os Fatores de Risco Mais Comuns na Entrada da Escola

- Comunicação e hábitos que não condizem com a escola.
- Classificados como diferentes sofrem de exclusão precoce.
- Pais não sabem o que os filhos irão aprender.
- Pais não valorizam.
- Pais e filhos intimidados.

Os Fatores Protetores Comuns na Entrada da Escola

- Ter um esquema de previsão.
- *Links* escola-família.
- Rendimento escolar como chave de fator protetor.
- Técnicas efetivas de ensino.
- Diferenças no gênero.

O período de latência é a fase escolar mais adequada para a instalação do processo de resiliência e a seguir se manter para a vida adulta[60].

As estratégias para iniciar o processo resiliente visam aos conhecimentos sobre a fase de latência, que é a fase mais tranqüila do desenvolvimento do ser humano, especialmente quando desenvolvemos os fatores protetores no começo da escolaridade[44]:

- oportunidade de desenvolver relacionamentos com adulto;
- monitores para dificuldades;
- sistemas de contato por orientador;
- contatos longos com os mesmos professores;
- ajuda de grupos mais resilientes para os menos resilientes;
- programas sociais monitorados;
- reconhecer problemas emocionais;
- reconhecer problemas específicos de aprendizagem;
- reconhecer problemas visuais e auditivos;
- luto recente na família;
- divórcio recente dos pais;
- envolver a comunidade com ex-alunos.

18 Direito da Criança e do Adolescente de se Tornarem Resiliente

O ECA – ESTATUTO DA CRIANÇA E DO ADOLESCENTE

A criança tem todos os direitos com proteção integral, enunciados pela Convenção sobre o Direito da Criança, aprovada pela Assembléia Geral das Nações Unidas, em 20 de novembro de 1989.

A criança tem como resultante desses direitos o direito de se tornar resiliente. O descumprimento deste direito, como de outros direitos, resulta em penalidade.

Como o adolescente, crianças com seus representantes podem recorrer aos Tribunais de Justiça, no foro adequado, pelo descumprimento de algum de seus direitos. A sentença poderá condenar ao cumprimento do direito reclamado e/ou obrigará o pagamento de indenizações e compensações no âmbito civil.

A justiça poderá considerar crime, com condenação à penalidade a ser cumprida. Os processos na justiça poderão ser levantados frente a pessoas: familiares, responsáveis, tutores, professores, sacerdotes, diretor de escola; frente a autoridades constituídas: prefeitura, delegacias, ministérios, secretarias; ou frente a instituições: hospitais, escolas, universidades, igrejas, empresas.

Vivemos num país em desenvolvimento, onde os direitos da criança são pouco questionados em juízo. Nos países desenvolvidos, os direitos da criança, mesmo após muitos anos se passarem, estão sendo cobrados em juízo e os tribunais aceitam as causas, como está acontecendo com os processos contra padres católicos que abusaram de crianças, muitos anos atrás, que hoje já são adultos.

A resiliência, com os conhecimentos na atualidade, poderá salvaguardar os direitos das crianças. O descumprimento quanto aos fatores de proteção e fatores de resiliência poderá ser cobrado no futuro pelas próprias crianças quando se tornarem adultas.

A chave para nossos fundamentos é o Estatuto da Criança e do Adolescente – ECA. É a Lei Brasileira de 13 de julho de 1990[39,40].

É um Código que dispõe sobre direitos e obrigações de crianças e adolescentes, considerado avançado na análise de autoridades de foros internacionais (UNICEF, UNESCO, OPAL). Contribuímos com inúmeros outros brasileiros, para a aprovação de seus 267 artigos e parágrafos[61] e continuamos nosso trabalho para que o ECA seja difundido, conhecido e aplicado.

Artigos-chave Fundamentais para o Direito à Resiliência

Começamos com a transcrição dos artigos das disposições preliminares do ECA com comentários, relevando o importante para os direitos para resiliência. Cada item importante terá uma letra que depois será comentada.

Art. 1º **Esta Lei dispõe sobre**

a. proteção integral à criança e ao adolescente.

A. Proteção integral é a construção do escudo protetor.

Art. 2º **Considera-se criança, para os efeitos desta Lei, a pessoa até doze anos incompletos, e adolescente aquela entre doze e**

b. dezoito anos de idade.

B. A faixa de seis anos entre as idades respeita o processo de maturação do sistema nervoso e a estabilização entre hormônios de crescimento e hormônios sexuais.

Art. 3º **A criança e o adolescente gozam de todos os direitos fundamentais**

c. à pessoa humana, sem prejuízo da proteção integral de que trata esta Lei, assegurando-se-lhes, por lei e
d. por outros meios todas as oportunidades e facilidades a fim de lhes facultar o desenvolvimento
e. físico, mental, moral, espiritual e social, em condições de liberdade e dignidade.

C. Pessoa humana significa após o nascimento. As condições de gravidez até o parto precisam de proteção contra todos os riscos durante a vida intra-uterina. O atendimento à gestante e parturiente consta em artigo específico sobre direito à vida e à saúde.

D. Oportunidades e facilidades para enfrentar os fatores de risco. Não é somente a lei, mas outros meios também: todos os conhecimentos científicos sobre prevenção, como vacinas que venham a ser descobertas, a poluição do meio ambiente e os progressos ecológicos.

E. São cinco condições de desenvolvimento humano que precisam ser facilitadas, sem que a criança se torne objeto de experiências clínicas, sociológicas ou políticas, mas em condições de liberdade. As fases de desenvolvimento devem ser respeitadas pela lei. A Lei não determina as fases. O ECA faculta o desenvolvimento em condições de dignidade. Os fatores de proteção e os fatores resilientes também acompanham as fases.

Art. 4º **É dever**
f. da família, da comunidade, da sociedade em geral e do Poder Público
g. assegurar com absoluta prioridade a efetivação dos direitos referentes
h. à saúde, à alimentação, à educação, ao esporte, ao lazer, à profissionalização, à cultura, à dignidade, ao respeito, à liberdade e à convivência familiar e comunitária.

F. Reconhecer, prevenir e suprimir fatores de risco. Construir fatores de proteção e promover fatores de resiliência é dever de todo o ambiente em que vive a criança: família, comunidade, sociedade, poder público. Esta Lei faz imposição do dever de todos e nomeia os responsáveis pelo dever, não de forma hierárquica e não deixa alternativa de um ou outro – são todos. O dever pode ser cobrado, mesmo pela criança, ou chegando à vida adulta, se não submergir antes na adversidade. Adversidade na família com ruptura dessa; adversidade da comunidade quando assolada por catástrofes não exime a sociedade e o poder público de seus deveres. Requer o dever da sociedade, não anônima, mas por seus cidadãos, por seus líderes, seus representantes como poder público – assumir a adversidade e enfrentá-la, com prioridade absoluta para as crianças.

G. Os direitos assegurados são os direitos positivos de sobrevivência com dignidade.
A prioridade para as crianças na efetivação desses direitos é que passa a ser dever. Na alegação clássica de governantes que "falta dinheiro" para efetivar alguns do direitos não atenua o crime e a cobrança no caso de resiliência poderá ser feita no futuro. O mesmo acontece com o favorecimento de algum direito em detrimento de outros. Não atenua a culpa frente aos outros direitos. É o compromisso social que não libera ninguém. Não é uma culpa frente à ética, à moral, a uma ideologia. É culpa efetivada, por prioridade tipificada. Todos são direitos referentes à resiliência. Saúde, alimentação, educação, esporte, lazer, profissionalização, convivência familiar e convivência comunitária são as condições onde se constrói a resiliência.

H. São 12 os direitos que precisam ser efetivados com prioridade. A prioridade acompanha o desenvolvimento do ser humano. Não são hierarquizados, mas acrescentados aos outros citados. Assim, a profissionalização não antecipa a escolaridade; alguns direitos têm maior prioridade em determinada fase do crescimento, mas não pode haver trocas ou mudanças. Direito à saúde por direito à profissionalização, por exemplo.
Na adversidade, alguns dos direitos referentes à família poderão ser exigidos do Poder Público, em sua efetivação. Em outros direitos, o poder público pode exigir da família a efetivação prioritária. Por exemplo, em epidemias, poluição grave das águas.

Art. 5º **Nenhuma criança ou adolescente**

i. será objeto de qualquer forma de
j. negligência, discriminação, exploração, violência, crueldade e opressão

k. punido na forma da lei
l. qualquer atentado
m. por ação ou omissão
n. aos seus direitos fundamentais.

I. Com o termo objeto, o ECA estabelece a distinção entre a criança e o adulto, e entre a criança e o adolescente. A criança é "objeto" para adulto com condenação para abuso ou mau-trato, e não considera briga entre crianças razão para punição legal. Em outro artigo do ECA, o abuso e maus-tratos requerem na investigação, diferença de seis anos entre autor e vítima para sustentar acusação legal (ECA Grunspun, 1992, pp. 54)[40].

J. Nas disposições preliminares de que estamos tratando, o ECA nomeia seis condições para punição na forma da lei, para depois no título dos direitos fundamentais apontar especificamente as punições.

K. A forma da lei será diferente para os adultos e para crianças e adolescentes. O adulto responde por crime de acordo com o Código Penal e o Código de Processo Penal. A criança ou adolescente responde por Infração Penal de acordo com o ECA.

L. O atentado pela "proteção integral" da criança já equivale a crime. Pais podem castigar filhos. Pais não podem castigar filhos com crueldade. Pode significar atentado contra a saúde. Na escola, qualquer discriminação pode ser considerada atentado.

M. A omissão é considerada crime igual à ação. A omissão de vizinhos, da comunidade, de hospitais é comparada ao atentado por ação. A omissão é atentado, por facilitar adversidade. Este artigo do código penaliza a omissão por não fomentar nem promover a resiliência e não prevenir a adversidade. E termina explicitando que a ação ou omissão se referem aos seus direitos fundamentais.

N. Ameaça como atentado aos direitos fundamentais, constitucionais, que constam na Constituição Federal, no Artigo 5º entre: I a LXXVII.

Art. 6º Na interpretação
p. desta Lei
q. levar-se-ão em conta os fins sociais a que ela se dirige

r. as exigências do bem comum
s. os direitos e deveres individuais e coletivos, e
t. a condição peculiar da criança e do adolescente como pessoas em desenvolvimento.

Este é o artigo-chave do ECA, para estabelecer os direitos de a criança se tornar resiliente. Todas as publicações, todas as investigações e todos os resultados positivos, especialmente após o 11 de Setembro, não são suficientes para fomentar, promover, educar crianças, famílias e comunidades para a resiliência se não houver um Poder de Lei que a incentive, mas que também puna.

Não é somente com boa vontade que se estimulam pessoas, famílias, grupos, instituições e comunidades. É com enormes investimentos profissionais, econômicos e emocionais em função da Lei que se pode promover um processo de resiliência. Isto foi feito após o 11 de Setembro, em Nova York, sob trauma, somente convocando as forças da comunidade, e com resultados positivos que começam recentemente a serem conhecidos.

Essas forças peculiares do momento não poderão ser convocadas continuamente. Achamos que a Lei facilitará as ações positivas das famílias, das escolas, das comunidades, das igrejas, das ONGs e das autoridades em benefício das crianças. Esta Lei que pode incentivar, mas também ameaçar, com penalidades no presente e *no futuro*, como é no caso da resiliência, e em função dela, ao não cumprir a lei.

No futuro serão descobertas as tentativas de fraudar a Lei ou corromper a Lei. Ela continuará mantendo sob investigação os fatores que ajudam a enfrentar a adversidade, superando-a.

No Brasil, temos o Instituto da Prescrição do Crime. Prescrição é a perda do direito de punir um crime pelo Estado em razão do decurso de um tempo previsto em lei. Extingue-se a punibilidade, baseando-se na fluência do tempo; se a pena não é imposta ou executada dentro de determinado prazo, cessa o interesse da lei pela punição, passando a prevalecer o interesse pelo esquecimento e pela pacificação social. Alguns crimes não têm a prescrição. *São imprescritíveis os crimes de racismo* e os praticados por grupos armados, civis ou militares contra a ordem constitucional e o Estado Democrático.

Existem alguns crimes tributários que não prescrevem. A sonegação e a fraude contra o imposto de renda prescrevem após cinco anos; se não houver ação judicial nesse intervalo é extinto, como se não tivesse ocorrido.

o. Na interpretação desta Lei (ECA), temos o direcionamento para não igualar os crimes. A exploração do trabalho infantil é crime grave, dificilmente comparável a outros. O explorador é produtor de adversidade, alimenta fatores de risco crescentes, sustenta a pobreza e dá origem a gerações de seres humanos que não obtiveram educação. A comparação com sonegador é distante, mas poderá, como este, ter seu crime prescrito após alguns anos.

A primeira correlação importante é entre *o*; *p*; e *t*, na interpretação e a quem se destina.

Na interpretação desta Lei, significa a Lei do ECA. A quem se destina são pessoas peculiares em desenvolvimento[23].

O. As várias espécies de interpretação dão diversas orientações esposadas pelos juristas, com maior ou menor liberdade do intérprete no seu trabalho de complementação ao exarar a norma.

São os chamados *sistemas interpretativos* (ECA, Limongi França, 1992, p. 33)[40]. Os sistemas são: 1. dogmático; 2. histórico-interpretativo; 3. da livre pesquisa.

1. O sistema *dogmático* está ligado à promulgação do Código de Napoleão. O pressuposto geral nesta matéria é sempre o de que a lei é clara e que, portanto, seus termos correspondem ao pensamento do legislador. A letra é a fórmula do pensamento, e dizer que esse pensamento será outro que não aquele expresso no texto claro e formal é acusar o legislador de uma leviandade que não se lhe pode imputar. Assim, a missão do intérprete é não reformar a lei, mas explicá-la, devendo ainda aceitar seus defeitos.

2. O sistema *histórico-evolutivo* busca mais o espírito da lei para a interpretação. Distingue quatro elementos básicos da interpretação: gramatical, lógico, histórico e sistemático. O sucesso da interpretação depende de duas condições que resumem os quatro elementos básicos. Primeiro, de que nos representemos ao vivo aquele ato intelectual (do legislador), de onde provém a especial expressão do pensamento diante da qual nos encontramos; segundo, de que tenhamos suficientemente presente a idéia de todo o complexo das relações históricas e dogmáticas, concernentes ao esclarecimento desse ponto em particular, descobrindo desde logo as suas correlações. Assim, a interpretação poderá atingir seu duplo escopo. Alcançar quanto seja possível o maior conhecimento do Direito, através não apenas do conhecimento especial da regra, mas ainda da riqueza do resultado alcançado.

3. O sistema da *livre pesquisa*. Ele também se fundamenta no mesmo ponto de vista do sistema histórico-evolutivo, o escopo de remediar os males do dogmático jurídico. Este sistema de livre pesquisa alarga as suas vistas para horizontes, e apresenta, ao lado da lei estatal, outras fontes jurídicas portadoras de vida autônoma, dando lugar a um novo Direito, que, para os extremados, pode sobrepor-se ou mesmo contrapor-se às disposições legais. Porém, com sua redação, o artigo tem as indicações claras para ser formulada a interpretação da livre pesquisa. Conseguimos assim realizar a Hermenêutica Jurídica e a Interpretação Teleológica.

3.1 Hermenêutica Jurídica. A ciência da interpretação do Direito chama-se hermenêutica. É a teoria científica da arte de interpretar. É o conjunto de princípios gerais que o exegeta deve seguir para interpretar a lei no caso concreto. A hermenêutica jurídica tem por objeto o estudo e a sistematização dos processos aplicáveis para determinar o sentido e o alcance das expressões do Direito. A interpretação jurídica nada mais é, portanto, do que a aplicação dos princípios da hermenêutica jurídica ao caso concreto. O verdadeiro objetivo da hermenêutica jurídica é fixar os princípios que regem a interpretação das leis em geral, ao passo que a interpretação propriamente dita consiste em determinar o sentido e o alcance de uma lei determinada.

3.2 Interpretação Teleológica. Ao intérprete cabe fazer a averiguação da finalidade buscada pela lei, ou seja, não deve se ater única e exclusivamente às letras daquela; deve, sim, procurar buscar o real objetivo por ela almejado, em uma interpretação teleológica, tendo em vista que as leis devem ser vistas à luz dos efeitos que, na realidade, têm a aptidão de produzir. A interpretação teleológica tem como critério o fim prático de a lei satisfazer as exigências sociais e a realização dos ideais de justiça vigentes na sociedade atual. O bem comum e a finalidade social são fórmulas gerais que uniformizam a interpretação, constituindo pontos referenciais para que se aprecie a lei a aplicar sob o prisma do momento de sua aplicação. Isto é assim porque a norma contém virtualidades de renovação e de expansão que a tornam suscetível de apresentar novas soluções, devido ao múltiplo condicionalismo do seu tempo; logo, o intérprete optará pelo sentido mais razoável ao caso e à época.

P. O ECA tem seus fundamentos nos fins sociais que procura alcançar, ECA Anotado (Cury M, Garrido PA, e Marçura JN, 1991, p. 15)[39]. Repete os fins sociais da Lei de Introdução ao Código Civil, de 4 de setembro de 1942, incorporado ao novo

Código Civil de 10 de janeiro de 2002 e que só entrou em vigor um ano depois em 10 de janeiro de 2003. Os artigos 4º e 5º do Código Civil são:

Art. 4º Quando a lei for omissa, o juiz decidirá o caso de acordo com a analogia, com os costumes e com os princípios gerais do Direito. No que é completado pelo artigo seguinte.

Art. 5º Na aplicação da lei, o juiz atenderá aos fins sociais a que ela se dirige e às exigências do bem comum.

No ECA não consta a palavra "aplicação", ficando todo o texto em função da "interpretação". A intenção do legislador foi, portanto, diferente nos dois textos. No ECA fica importante a interpretação, excluindo a interpretação dogmática, apontando para a interpretação de livre pesquisa e talvez em algum termo na interpretação histórico-evolutiva.

No artigo 4º do Código Civil a palavra "omissão" mostra a intenção do legislador em especificar quando e como usar a interpretação: na omissão, que não consta no ECA.

O juiz pelo código civil decidirá, de acordo com a analogia, os costumes e os princípios gerais do Direito. Na referência a "os costumes" significa a jurisprudência, e "os princípios gerais do direito" consagram a hermenêutica jurídica (Ciência Jurídica) e a interpretação teleológica. Isto, porém, somente no caso de omissão.

No ECA, o texto se resume aos termos "na interpretação desta lei", sem falar da "aplicação" que fica sempre sujeita à interpretação, excluindo a interpretação dogmática, pouco restando da interpretação histórico-evolutiva pelas mudanças sociais que são fundamento e alvo do ECA, restando a interpretação da livre-pesquisa e consagrando com isso a Hermenêutica e a Teleologia-ECA Comentado, 1992 (Gomes da Costa AC, p. 38) [40].

Levar em conta os fins sociais a que a interpretação se dirige é resultado das linhas mestras traçadas pelo ordenamento político, visando ao bem-estar e à prosperidade do indivíduo e a sociedade.

Podemos incluir o melhor programa político mostrando que o bem-estar das crianças conduz ao desenvolvimento da resiliência. Poderá tornar-se *slogan* de propaganda política. "A aplicação da lei seguirá a marcha dos fenômenos sociais; receberá, continuamente, vida e inspiração do meio ambiente e poderá produzir a maior soma de energia jurídica", exposto por Clóvis Beviláqua, nos anos 1930.

Os fins sociais do ECA podem ser a inspiração e produzir a energia jurídica, no decorrer da vida humana, traduzida na resiliência, como energia acumulada, em potencial, que entra em funcionamento na adversidade.

Q. Com a alusão às "exigências do bem comum", não se considera os bens públicos, mas os bens que mais interessam à utilidade comum dos cidadãos da República, inclusive os cidadãos do poder público. Aqui temos essencialmente a interpretação da lei para decidir os critérios de sua aplicabilidade. A interpretação, pelos fins sociais e exigências do bem comum, deixa totalmente de ser *dogmática* e se torna de *livre pesquisa*. A interpretação *histórico-evolutiva* sempre tem as raízes em nossa tradição jurídica – deixa agora de ser a mais útil, pelas necessidades mais urgentes em contínua aceleração, com maiores exigências do bem comum. A Lei precisa de aplicações mais rápidas, mais científicas, mais fundamentadas em evidências e, portanto, mais focadas em resultados capazes de ser tema de investigação e pesquisa, com novas modificações segundo os resultados obtidos.

As exigências do bem comum são os elementos que impelem os homens para um ideal de justiça aumentando-lhes a felicidade e contribuindo para o seu aprimoramento A estimulação da lei para o bem comum incentiva buscas e resultados para satisfazer as exigências – são fatores protetores e fatores de resiliência.

R. O artigo nos remete aos direitos fundamentais da Constituição que enumera, em 87 incisos e parágrafos, os direitos de igualdade dos cidadãos considerados como direitos e deveres individuais e coletivos.

É evidente que o bebê, considerado como pessoa, tem todos os direitos e muito poucos deveres; somente quando se torna cidadão seus deveres se tornam plenos.

Na interpretação, precisamos ter o real significado do bebê para a sociedade e seu funcionamento na rede social. Consideramos o bebê como átomo social que busca apego, vínculo, que somente adultos poderão dar. Especialmente e preferencialmente os pais. Assim, encontra sua função se transformando na unidade celular, que é a família, onde existe espaço e domínio com direitos individuais. A família se compõe em moléculas – as comunidades. Essas comunidades têm diretos e deveres coletivos.

As comunidades com domínio parcial atualmente (pela energia e pela comunicação), e que foram de domínios definidos, irão constituir a sociedade que é o corpo – Corpo Social para quem as Leis Maiores, as Constituições são feitas. Dessa forma levar-se-ão os direitos e deveres para o átomo, a célula, a molécula e o corpo social: criança, família, comunidade e sociedade.

Na medida em que os direitos delimitam domínios individuais, cada indivíduo tem direito à defesa do seu domínio e, quando se formam organizações para a aplicação das referidas regras universais de conduta, todos os indivíduos terão igual direito a que essas organizações protejam a sua esfera individual de direitos e punam eficazmente os infratores. São os direitos individuais, respeitando o direito dos outros e com os deveres correspondentes sob risco de pena. É o exercício da cidadania.

Entende-se como direitos coletivos aqueles cujo exercício cabe a uma pluralidade de sujeitos, e não a cada indivíduo isoladamente. Como exemplo, temos o direito de reunião e de associação, o direito de entidades associativas representarem seus filiados, os direitos de recebimento de informações.

Interesses coletivos ou metaindividuais: conceitos.

Existem três espécies compreendidas dentro do gênero que a doutrina costuma denominar indistintamente de interesses coletivos ou metaindividuais: os difusos, os coletivos e os individuais homogêneos.

O termo difuso significa disperso, fragmentado. O Código de Defesa do Consumidor conceitua os interesses ou direitos difusos como sendo "os transindividuais, de natureza indivisível, dos quais sejam titulares pessoas indeterminadas e ligadas por circunstâncias de fato". Esses interesses não exigem uma relação jurídica base, ou um vínculo jurídico bem definido que as congregue. Eles se prendem a dados de fato, muitas vezes acidentais e mutáveis.

O interesse coletivo é a síntese dos interesses individuais e não mera soma, sendo necessário que haja uma alma coletiva. Pela definição contida no Código de Defesa do Consumidor, entende-se por interesses ou direitos individuais homogêneos "os decorrentes de origem comum". Eles são verdadeiros interesses individuais, mas circunstancialmente tratados de forma coletiva.

Há um bom critério didático para distinguir essas espécies de interesses coletivos. Se o objeto tutelado for divisível, o interesse será sempre individual homogêneo. Já se for indivisível, poderá ser difuso ou coletivo em sentido estrito.

A afirmação de que a criança e o adolescente são "pessoas em condição peculiar de desenvolvimento" não significa que são seres inacabados. Cada etapa é, à sua maneira, um período de plenitude que deve ser acatada pelo mundo adulto, ou seja, pela família, pela sociedade, pelo Estado[40]. São pessoas a serem consumadas em sua integridade na idade adulta se tornando portadoras de todas as responsabilidades. Procriar, cuidar dos filhos com bem-estar físico, emocional, educacional; responsabilidades cívicas, responsabilidades políticas.

Finalmente, a afirmação "a condição peculiar da criança e do adolescente como pessoas em desenvolvimento" faz do artigo 6º o suporte do ECA ontológico na legislação brasileira, porque proporciona as condições e oportunidades para promover a resiliência nas etapas importantes e por isso peculiares. O tripé da resiliência reside nos pontos do tripé que faz do ECA ontológico:

1. reconhecimento da peculiaridade do desenvolvimento;
2. condição jurídica de sujeito de direitos;
3. condição política de absoluta prioridade.

Referências Bibliográficas

1. AACAP Official Action: Practice Parameters for the Assessment and Treatment of Children and Adolescents with Posttraumatic Stress Disorder V Acad Child Adolesc Psychiatry, 37(suppl):45,1998.
2. AINSWORTH, M. Infant-Mother Attachment. American Psychologist 34-932, 1979.
3. ALLEN JR. Of Resilience, Vulnerability, and a Woman who Never Lived. Child Adolescent Psychiatric Cl North Am, 7-53, 1998.
4. BARRON F, HARRINGTON DM. Creativity, Intelligence and Personality. Ann. Rev Psychol. 32:439, 1981.
5. BELL CC. Promotion of Mental Health Through Coaching of Competitive Sports J Natl Med Assoc 89:335, 1997.
6. BELL CC, SUGGS, H. Using Sports to Strenghten Resiliency in Chidren: Training Hearth. Child Adolescent. Psychiatric Cl North Am, 7:859, 1998.
7. BENARD B. Fostering Resiliency in Kids: Protective Factors in The Family, School, and Community. San Francisco, Far West Laboratory For Educational Research And Development, 1991.
8. BENARD B. Fostering Resilience in Children. ERIC Digest, 1996.
9. BENARD B. Resiliency: What We Have Learned. WestEd, 2004.

10. Bergman P, Escalona SK, Unusual Sensitivities in Very Young Children. In Psychoanal Study Child vol. 3, 4. New York. International Universities, pp. 333-352, 1949.

11. BLACKMORE S. The Meme Machine. Oxford University Press, 1999.

12. BLACKMORE S. The Power of Memes. Scientific American, 283:52, 2000.

13. BORNSTEIN D. How to Change the World: Social Entrepeneurs and the Power of New Ideas. Oxford University Press, 2004.

14. BOWLBY J. Attachment and Loss. New York, Basic Books, 1: Attachment (1969); 2: Separation (1973); 3: Loss (1979).

15. BOWLBY J. The Making and Breaking of Affectional Bonds. Tavistock Publications, 1979.

16. BRAZELTON TB. Touchpoints – The Essential Reference. Addison Wesley Publishing Co., 1992.

17. BRONFENBRENNER U. Ecology of Human Development: Experiments by Nature and Design. Cambridge, Mass., Harvard University Press, 1979.

18. BROOKS R, GOLDSTEIN S. Raising Resilient Children: Fostering Strength, Hope and Optimism in Your Child. McGraw Hill/Contemporary Books, 2002a.

19. BROOKS R, GOLDSTEIN S. Nurturing Resilience in Our Children. Answers to the Most Important Parenting Questions. McGraw Hill/Contemporary Books, 2002a.

20. BROWN JH, D'EMIDIO-CASTON M, BENARD B. Resilience Education. Corwin Press, 2004.

21. BUBER M. Eu e Tu. São Paulo, Cortez e Morais p. 84, 1977.

22. CALDWELL E. Making a Home for Faith: Nurturing The Spiritual Life of Your Children. United Church Press, 2000.

23. CHAVES A. Comentários ao ECA. São Paulo, LTR, 1997.

24. CID –10. OMS. Porto Alegre, Artes Médicas, 1993.

25. CLAUSS-EHLERS CS, WEIST MD. Community Planning to Foster Resilience in Children. Kluwer Academic Pub., 2004.

26. COOPER S. God in the Kitchen Table. Teaching your Religious and Moral Beliefs to Your Children. Three River Press, 2002.

27. CORTINA A. Por una Ética del Consumo. Madrid, Taurus, 2002.

28. CUBBIN C, BRAVEMAN PA. Socioeconomic and Racial/Ethnic Disparities in Unintended Pregnancy among Postpartum Women in California, Maternal Child Healt J, 6:237, 2002.

29. CYRULNIK B. Les Vilains Petits Canards. Paris, Odile Jacob, 2001.

30. CYRULNIK B. Le Murmure des Fantômes. Paris, Odile Jacob, 2003.

31. DAMASIO A. Body and Emotion in the Making of Consciousness. Harvest Book Harcourt Inc., 2000.

32. DAWKINS R. The Selfish Gene. Oxford University Press, 1976.
33. DOE M. Busy but Balanced: Practical and Inspirational Ways to Create a Calmer, Closer Family. St. Martin Press, 2001.
34. DOE M, WALSH MF. 10 Principles of Spiritual Parenting: Nurturing Your Child's Soul. Perennial, 1998.
35. DOMINGO A. Educar para Una Ciudadania Responsable. Madrid, ICCE, 2002.
36. DOUGLAS M. Foreword. Sport. Child Adolescent Psychiatric Cl North Am 7:XIII, 1998.
37. DYKENS EM, ROSNER BA, BUTTERBOUGH G. Exercise and Sport in Children and Adolescents with Developmental Disabilities: Positive Physical and Psychosocial Effects. Child Adolescent Psychiatric Cl North Am, 7:757, 1998.
38. DSM – IV. APA. Porto Alegre, Artes Médicas, 1995.
39. ECA – ESTATUTO DA CRIANÇA E DO ADOLESCENTE ANOTADO. São Paulo, Editora Revista dos Tribunais, 1991.
40. ECA – ESTATUTO DA CRIANÇA E DO ADOLESCENTE COMENTADO. São Paulo, Malheiros Editores, 1992.
41. ERIKSON EH. Childhood and Society. WW Norton & Company, 1950.
42. ESCÁMEZ J, GIL R. La Educación de la Ciudadania. Madrid, Editorial CCS-ICCE, 2002.
43. FONAGY P, STEELE M, STEELE H. The Theory and Practice of Resilience. J. Child Psychology Psychiatry, 35:231, 1994.
44. FRASER M, RICHMAN J, GALINSKY M. Risk, Protection, and Resilience: Social Work Research, 23:131, 1999.
45. FREUD A, DANN S. An Experiment in Group Upbringing. The Psychoanalytic Study of the Child, 6:127, 1951.
46. FREUD S. Além do Princípio do Prazer. Edição Standard Brasileira das Obras Psicológicas Completas de Sigmund Freud, Vol. XVIII. Rio de Janeiro, Imago, 1969.
47. GARMEZY N. Reflections and Commentary on Risk, Resilience and Development. In HAGGERTY L, SHERROD N, GARMEZY N, RUTTER M. Stress, Risk, and Resilience in Children and Adolescents: Processes, Mechanisms and Interventions, Cambridge University Press, 1996, p. 1-18.
48. GARMEZY N. Resilience and Vulnerability to Adverse Developmental Outcomes Associated with Poverty. Am. Behavioral Scientist 34:416, 2001.
49. GINOTT HG, GINOTT A, GODDARD W. Between Parent and Child. Three Rivers Press, 2003.
50. GLANTZ M, SLOBODA Z. Analysis and Reconceptualization of Resilience. In GLANTZ M, JOHNSON J. Resilience and Development: Positive Life Adaptation. Plenum, 1999, pp. 109-126.

51. GOLDSTEIN S BROOKS R. Handbook of Resilience in Children. Plenum, 2005.
52. GOPNICK A, MELTZOFF A, KUHL, P. The Scientist in the Crib: What Learning Tells Us About the Mind. New York, Harper Collins Publishers, 1999.
53. GRACIE R e GRACIE R. Brazilian Jiu-Jitsu: Theory and Technique. Invisible Cities Press, 2001.
54. GREEFF AP, HUMAN B. Resilience in Families in Which a Parent Has Died. Am J Family Therapy, 32:27, 2004.
55. GROTBERG HE. Promoción de la Defensa ante la Adversidad en los Niños: Nueva Aproximación. Medicina y Sociedad: 10-24,1993.
56. GROTBERG HE. Coping with Adversity. In Civitan Magazine (February – March), 10-11, 1994.
57. GROTBERG HE. Guia de la Promoción de la Resiliencia en Niños para Fortalecer el Espirito Humano Haia. Fundación Bernard Van Leer, 1996.
58. GROTBERG HE. Nuevas Tendencias en Resiliencia. In MELILLO A e SUÁREZ OJEDA EN. Resiliência: Descobrindo las Propias Fortalezas. BA Paidós, 2002, pp. 19-30.
59. GROTBERG HE. Resilience for Today: Gaining Strenght from Adversity. Praeger, 2003.
60. GRUNSPUN F. Como Criar Filhos em Tempos Difíceis. In Educando em Tempos de Adversidade. Anais XXXIX Congresso da Escola de Pais do Brasil, 2003, pp. 129-141.
61. GRUNSPUN H. Os Direitos dos Menores. São Paulo, Almed, 1985.
62. GRUNSPUN H. Psicoterapia Lúdica com Crianças. Rio de Janeiro, Atheneu, 1997.
63. GRUNSPUN H. Violência e Resiliência: A Criança Resiliente na Adversidade. Bioética, 10:163, 2002.
64. GRUNSPUN H. A Criança Resiliente na Adversidade. In: Educando em Tempos de Adversidade. Anais XXXIX Congresso da Escola de Pais do Brasil, 2003, pp. 49-58.
65. GRUNSPUN H. A Autoridade dos Pais e a Educação da Liberdade. Rio de Janeiro, Wak Editores, 2004.
66. GRUNSPUN H, GRUNSPUN F. Casamento e Acalento: Como se Tecem as Relações Familiares. São Paulo, Marco Zero, 1990.
67. GURWITCH RH, SULLIVAN MA, LONG PJ. The Impact of Trauma and Disaster on Young Children. Child Adolescent Psychiatric Cl North Am, 7:19, 1998.
68. HAGERTY RJ, SHERROD LR, GARMEZY N e RUTTER M. Stress, Risk, and Reslience in Children and Adolescents. Cambridge University Press, 1996.
69. HARLOW HF. The Nature of Love. Am J Psychology, 17:673, 1958.
70. HAWLEY DR. Clinical Implication of Family Resilience. Am. J. Family Therapy, 28:101, 2000.

71. HETHERINGTON EM, KELLY J. For Better or for Worse: Divorce Reconsidered. New York, WW Norton, 2002.

72. INFANTE F. La Resiliência como Processo. In MELILLO A, SUÁREZ OJEDA EN. Resiliencia: Descobriendo las Proprias Fortalezas. BA Paidós, 2002, p. 31-53.

73. ISBELL RT, RAINES SC. Creativity and the Arts for Young Children. Delmar Learning, 2002.

74. JAHODA M. Current Concepts of Positive Mental Health. New York, Basic Books, 1958.

75. JUARRERO A. Dynamics in Action Intentional Behavior as a Complex System. MIT Press, 1999.

76. KLINKE A, RENN O. Precautionary Principle and Discursive Strategies: Classifying and Managing Risks. J Risk Research, 4:159, 2001.

77. KOHL MA. Arte Infantil. Narcea, 1999.

78. KOHL MA, DERY KW. Preschool Art: "Its the Process Not the Product". Gryphen House, 1994.

79. KOHL MA, RAMSEY Y, BOWMAN D, DAVIS K. First Art: Art Experiences for Toddler and Child. Gryphen House, 2002.

80. KOHUT H. Restoration of the Self. New York, Int. University Press, 1977.

81. LaFOLLETTE H. Personal Relationships: Love, Identity, and Morality. Oxford, Blackwell, 1996.

82. LAPLANCHE J, PONTALIS JB. Vocabulário da Psicanálise. São Paulo, Livraria Martins Editora, 1986.

83. LEVESQUE RJR. Adolescents, Sex and the Law: Preparing Adolescents for Responsible Citizenship. APA, 2000.

84. LINDEMANN E. Symptomatology and Management of Acute Grief. Am J Psychiatry, 101:141, 1944.

85. LUSTERMAN DD, PHILPOT CL. Casebook for Integrating Family Therapy: An Ecosystemic Approach. Washington, DC: American Psychological Association, 2001.

86. LUTHAR SS. Resilience and Vulnerability: Adaptation in the Context of Childhood Adversity. Cambridge University Press, 2003.

87. MASTEN A, HUBBARD J et al. Competence in the Context of Adversity: Pathways to Resilience and Maladaptation from Childhood to Late Adolescence. Development & Psychopathology, 11:143, 1999.

88. McGHEE P. Stumble Bee and Pelephones: How to Develop Powerfull Verbal Sense of Humor. Kendall/Hunt (Children's Edition), 2002.

89. Mc GHEE P. Understanding and Promoting the Development of Children's Humor. Kendall/Hunt, 2002.

90. MELILLO A. Prefácio. In: MELILLO A, SUÁREZ OJEDA EN. Resiliência. Descubriendo las Propias Fortalezas. B. Aires, Paidós, 2002, pp. 15-18.

91. MELILLO A. Resiliencia y Educación. In MELILLO A, SUÁREZ OJEDA EN: Resiliência. Descubriendo las Propias Fortalezas. B Aires, Paidós 2002, pp. 123-144.

92. MOLINA LOZA CA . Chaves para uma Terapoética da Família. Belo Horizonte, ArteSa, 1998.

93. MONTT ME, HERMOSILLA W. Posttraumatic Stress Disorder in Children. Rev Chilena Neuro-Psiquiat, 39:110, 2001.

94. MORAN JD, MILGRIN RM et al. Original Thinking in Preschool Children. Child Develop, 54:921, 1983.

95. MOSKOVITZ S. Longitudinal Follow-up of Child Survivors of the Holocaust, J Am Acad Child Psychiatry, 24:401, 1985.

96. MUMMERY WK, SPENCE JC, HUDEC JC. Understanding Physics Activity Intention in Canadian School Children and Youth: An Aplication Of the Theory of Planned Behavior. Research Quarterly for Exercise and Sport, 71:116, 2000.

97. MURPHY LB, MORIARTY AE. Vulnerability, Coping and Growth. New Haven, Yale University Press, 1976.

98. MURRAY JA. Loss as a Universal Concept: A Review of the Literature to Identify Common Aspects of Loss in Diverse Situations. J Risk Research 6:219, 2001.

99. NEWMAN CJ. Children of Disaster: Clinical Observation of Buffalo Creek. Am J Psychiatry, 133:306, 1979.

100. NIEUWSMA MJ. An Oral History, of Young Holocaust Survivors. Kinderlager Holiday House, 1998.

101. OMER H, Helping Parent's Deal With Children Acute Disciplinary Problems without Escalation. The Principle of not Violent Resistance. Fam. Process, 40:53, 2001.

102. ORNSTEIN A. Survival and Recovery: Psychoanalytic Reflections. Harvard Rev Psychitry, 9:13, 2001.

103. PATTERSON JD, PATTERSON J, COLLINS L. Bouncing Back: How Your School Can Succed in the Face of Adversity. Eye of Education, 2002.

104. PFEFFERBAUM B, PFEFFERBAUM R. Contagious in Stress. An Infectious Disease Model for Postraumatic Stress Disorder in Children. Child Adolescent Psychiatric Cl North Am 36:1503, 1998.

105. PIAGET J. La Construction du Réel chez L'Enfant. Neuchatel, Delachaux et Niestlé, 1967.

106. POWER PW, DELL ORTO AE. The Resilient Famililly: Living with Your Child Illness or Disability. Serin Books, 2003.

107. RAVAZZOLA MC. Resiliencias Familiares. In: MELILLO A, SUÁREZ OJEDA EN. Resiliência: Descobrindo las Propias Fortalezas. BA Paidós, 2002. pp. 103-122.

108. REIVICH K, SHATTÉ A. The Resilience Factor. Random House, 2002.

109. RICHMAN J, FRASER M. Resilience in Childhood: The Role of Risk and Protection. In RICHMAN J, FRASER M. The Context of Youth Violence: Resilience, Risk and Protection. Praeger Publishers, 2001, pp. 1-12.

110. ROCKWELL S. Overcoming Four Myths that Prevent Fostering Resilience. RTY, Reaching Today's Youth, 2:3, Spring, 1998.

111. ROSENHECK R, NATHAN P. Secondary Traumatization in Children of Vietnam Veterans. Hosp Community Psychiatry, 36:538, 1985.

112. RUTTER M. Resilience in the Face of Adversity: Protective Factors and Resistence of Psychiatric Disorders. Br J Psychiatry, 147:598, 1985.

113. RUTTER M. Psychosocial Resilience and Proctetive Mechanisms. Am J Orthopsychiatry, 57:316, 1987.

114. RUTTER M. Resilience, Some Conceptual Considerations. J Adolesc Health, 14:8, 1993.

115. SCHAMESS S. Memory, Self and the Peer Group in Six Yong Survivors of Tereszin. J Child Adolesc Group Therapy, 9:69, 1999.

116. SCHWARTZ JM, BEGLEY S. The Mind and the Brain: Neuroplasticity and the Power of Mental Force. New York, Harper Collins Publishers, 2002.

117. SELIGMAN MEP. Authentic Happiness: Using the New Positive Psychology to Realize Your Potential for Lasting Fullfilment. New York, Free Press/Simon & Schuster, 2002.

118. SELYE H. The Stress of Life. Mc Graw Hill, 1956.

119. SHAPIRO LE. How to Understand the Secret Language of Children. Simon & Schuster, 2003.

120. SOO ES. Commentary in "An Experimentin Group Upbringing" by Anna Freud and Sophie Dann. J Child Adolesc Group Therapy, 9:81, 1999.

121. SPITZ R. The Firt Year of Life: A Psychoanalytical Study of Normal and Deviant Development of Object Relations. International University Press, 1965.

122. SPOCK B. Dr. Benjamin Spock's Baby and Child Care. Pocket Books, 1957.

123. STEINBERG L. Adolescence with Power Web. McGrow-Hill, 2001.

124. STEINBERG L. The Ten Basic Principles of Good Parenting. Simon & Schuster, 2004.

125. STRYER BK, TOFFLER IR, LAPCHIC R. A Developmental Overview of Child and Youth Sports in Society. Child Adolesc Psychiatric Cl North Am, 7:697, 1998.

126. SUÁREZ OJEDA EM. Resiliencia o Capacidadad Para Sobreponerse a la Adversidad. Buenos Aires, Medicina Y Sociedad, Vol. 16, No. 3, 1993.

127. SUÁREZ OJEDA EM. Una Concepción Latinoamericana: La Resiliencia Comunitária. In: MELILLO A, SUÁREZ OJEDA EN. Resiliência: Descobrindo las Propias Fortalezas. BA Paidós, 2002, pp. 67-82.

128. SULTANOFF S. Survival of the Witty-est: Creating Resilience through Humor. Am Ass Therapeutic Humor 11:1, 1997.

129. SVANBERG POG. Attachment, Resilience, and Prevention. J. Mental Health, 7:543, 1998.

130. TERR L. Children of Chowchilla: A Study of Psychic Trauma. Psychoanal Study Child, 34:547, 1979.

131. TERR L. Forbidden Games: Posttraumatic Childs Play. J Am Acad Child Adolesc Psychiatry, 36:741, 1981.

132. TERR L. Psychic Trauma in Children and Adolescents. Pychyatric Cl North Am, 8:815, 1985.

133. TIET QQ, BIRD HR, DAVIES M et al. Adverse Life Events and Resilience. J Am Acad Child Adolesc Psychiatry, 37:1191, 1998.

134. TOFLER IR. Preface: Sport Psychiatry. Child Adolescent. Psychiatric Cl North Am, 7:XV, 1998.

135. TOFLER IR, KNAPP PK, E DRELL MJ. The Achievement by Proxy Spectrum in Youth Sports. Child Adolescent. Psychyatric Cl North Am, 8:803, 1998.

136. TOMB D. The Phenomenology of Postraumatic Stress Disorder. Child Adolescent. Psychiatric Cl North Am, 7:237, 1998.

137. VALLE JE. Relações para a Cidadania Consciente. In: Família, Liberdade e Participação. Anais XXIII Congresso da Escola de Pais do Brasil, 1987, pp. 94-105.

138. VALLE JE. Perplexidades da Família em uma Sociedade de Risco. In Educando em Tempos de Adversidade. Anais. XXXIX Congresso Escola de Pais do Brasil, 2003, pp. 29-38.

139. VANCE JE, BOWEN NK et al. Protective Factors as Predictor of Outcome in Adolescent with Psychiatric Disorder and Agression. J Am Acad Child Adolescent Psychiatry, 41:36, 2002.

140. VANDERPOL M. Survival After the Holocaust: A Personal Account. J Geriatr Psychiatry, 32:91, 1999.

141. VANDERPOL M. Resilience: A Missing Link in Our Understanding of Survival. Harvard Rev Psychiatry, 10:302, 2002.

142. VANISTENDAEL S, LECOMTE J. Le Bonheur Est Toujours Possible. Construire la Resilience. Toulouse, Érès coll. "Fondation pour l'Enfance", 2000.

143. VASCONCELLOS ATM. Ensinando a Criança a Proteger-se Contra as Violências e os Riscos que a Cercam. In: Educando em Tempos de Adversidade. Anais XXXIX Congresso da Escola de Pais do Brasil, 2003, pp. 59-67.

144. VIEWSMA MJ. Kinderlager: An Oral History of Young Holocaust Survivors. Holiday House, 1998.

145. WAINWRIGHT D, CALALN M. Work Stress: The Making of a Modern Epidemic. Open University Press, 2002.

146. WALLERSTEIN JS, LEWIS JM, BLAKESLEE S. The Unexpected Legacy of Divorce. Hyperion, 2000.

147. WALSH F. Strenghtening Family Resilience, Guilford Press, 1998.

148. WARD WC. Creativity in Young Chidren. J Creative Behavior, 8:101, 1974.

149. WERNER EE. Risk, Resilience, and Recovery: Perspectives From the Kauai Longitudinal Study. Development and Psychopathology, 2:225, 1993.

150. WERNER EE, SMITH RS. Overcoming the Odds: High Risk Children from Birth to Adulthood. Ithaca, Cornell University Press, 1992.

151. WERNER EE, SMITH RS. Journey from Childhood to Midlife: Risk, Resilience, and Recovery. Ithaca, Cornell University Press, 2001.

152. WILKINSON A, ELAHI S, EIDINOW E. Riskworld Scenarios. J Risk Research, 6:297, 2003.

153. WILKINSON A, ELAHI S, EIDINOW E. Description of the Riskworld Project Process. J Risk Research, 6:343, 2003.

154. WILKINSON A, ELAHI S, EIDINOW E. Background and Dynamics of the Scenarios. J Risk Research, 6:365, 2003.

155. WOLIN S, WOLIN S. The Resilient Self: How Survivors of Troubled Families Rise Above Adversity. Villard Books, 1993.

156. ZANDER R, ZANDER B. The Art of Possibility. Harvard Business School Press, 2000.

Índice Remissivo

A

B

C

D

E

G

N

O

P

T

U

V